일 잘하는 사람의
커뮤니케이션

MASTERS OF COMMUNICATION

일 잘하는 사람의 커뮤니케이션

2008년 7월 21일 초판 1쇄 발행 | 2014년 2월 24일 10쇄 발행
지은이 · 윌리엄 장

펴낸이 · 박시형

마케팅 · 장건태, 권금숙, 김석원, 김명래, 최민화, 정영훈
경영지원 · 김상현, 이연정, 이윤하
펴낸곳 · (주)쌤앤파커스 | 출판신고 · 2006년 9월 25일 제313-2006-000210호
주소 · 서울시 마포구 동교동 203-2 신원빌딩 2층
전화 · 02-3140-4600 | 팩스 · 02-3140-4606 | 이메일 · info@smpk.co.kr

ⓒ 윌리엄 장 (저작권자와 맺은 특약에 따라 검인을 생략합니다)
ISBN 978-89-92647-35-9 (03320)

- 이 책은 저작권법에 따라 보호받는 저작물이므로 무단전재와 무단복제를 금지하며, 이 책 내용의 전부 또는 일부를 이용하려면 반드시 저작권자와 (주)쌤앤파커스의 서면동의를 받아야 합니다.

- 이 책의 국립중앙도서관 출판시도서목록은 서지정보유통지원시스템 홈페이지(http://seoji.nl.go.kr)와 국가자료공동목록시스템(http://www.nl.go.kr/kolisnet)에서 이용하실 수 있습니다.
  (CIP제어번호 : CIP2014004663)

- 잘못된 책은 바꿔드립니다.   • 책값은 뒤표지에 있습니다.

> 쌤앤파커스(Sam&Parkers)는 독자 여러분의 책에 관한 아이디어와 원고 투고를 설레는 마음으로 기다리고 있습니다. 책으로 엮기를 원하는 아이디어가 있으신 분은 이메일 book@smpk.co.kr로 간단한 개요와 취지, 연락처 등을 보내주세요. 머뭇거리지 말고 문을 두드리세요. 길이 열립니다.

일 잘하는 사람의 커뮤니케이션

MASTERS OF COMMUNICATION

월리엄 장 지음

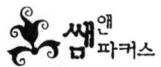

프롤로그

"커뮤니케이션 능력이 최상의 비즈니스 경쟁력"이라는 이야기는 많이 들어봤을 것이다. 그런데 커뮤니케이션에 뛰어난 사람이 비즈니스 세계에서 인정받는 이유에 대해 고민해본 사람은 몇이나 될까? 단지 말을 잘한다고 해서 비즈니스에서 성공할 수 있을까?

 꼭 그렇지는 않다. 하지만 커뮤니케이션에 뛰어나다는 것과 말을 잘한다는 것은 조금 다른 의미다. 커뮤니케이션을 잘한다는 것은 오히려 일을 잘한다는 이야기라고 해석할 수 있다.

 이러한 논리는 회사에서 이루어지는 업무의 90%가 커뮤니케이션이라는 사실에서 기인한다. 보고, 회의, 영업, 협상, 프레젠테이션과 같은 업무는 커뮤니케이션을 기초로 한다. 언제, 어디서, 누가, 무슨 내용을, 어떤 식으로 전달하느냐에 따라 일의 결과가 달라지기도 한다.

 동료나 상사와의 사소한 대화 역시 조직의 분위기를 좌우할 수 있다는 점에서 업무의 연장선에 있다. 말실수나 말다툼으로 인해 몇 사람의 관계가 틀어지면, 조직 전체의 분위기에도 부정적인 영향을 미친다. 비즈니스맨 개인의 입장에서 보면, 인적 네트워크의 출발이라는 점에서도 대화가 중요하다. 사람들과 나누는 이야기에 따라 든든한 우군을 만들 수도, 적을 만들 수도 있기 때문이다.

커뮤니케이션을 구성하는 요소가 말뿐만은 아니다. 화자의 몸짓, 말투, 표정부터 주제, 시간과 장소까지, 커뮤니케이션이 진행되는 상황과 관련된 모든 요소가 커뮤니케이션의 질, 그리고 결과를 좌우한다. 그렇기에 커뮤니케이션에 능한 사람은 전체적인 상황을 통제하고 조율할 줄 아는 능력을 지녔다고도 할 수 있다. 이는 업무 수행에 결정적인 도움이 되는 능력이다.

조직에서 일을 잘한다는 평가를 듣는 사람을 유심히 살펴보라. 개인적인 역량도 탁월하지만, 다른 사람과의 협업에도 능하지 않은가? 아마 일 잘하는 사람의 대부분은 감동 어린 커뮤니케이션으로 다른 사람의 마음을 움직여, 함께 일할 것이다. 또한 보고, 회의, 협상 등 업무의 성격에 따라 각기 다른 전략으로 자신의 목표를 달성할 것이다. 이것은 커뮤니케이션 기술을 습득하고 있을 때야 가능한 일이다. 강조하건대, 커뮤니케이션 능력이 출중한 사람들은 일에서도 최상의 역량을 발휘한다.

성공 커뮤니케이션이 지니는 놀라운 힘

커뮤니케이션은 단순히 의사표현이나 설명, 설득의 차원에 국한

되지 않는다. 뛰어난 커뮤니케이션 능력은 개인의 삶뿐 아니라 조직의 운명에까지 절대적인 영향을 미칠 수 있다. 세계적인 지식경영학자 피터 드러커 Peter Drucker 역시 "인간에게 가장 중요한 능력은 자기표현이며, 현대의 경영이나 관리는 커뮤니케이션에 의해서 좌우된다"고 강조했다.

커뮤니케이션 능력으로 인해 삶의 행보가 바뀐 대표적인 인물로는 인터넷 경매업체 '옥션'의 이금용 대표를 꼽을 수 있다. 옥션이 미국 인터넷 경매업체 '이베이eBay'에 넘어갈 때의 일이다. 이 대표는 직접 미국으로 건너가 이베이 임직원들 앞에서 열정적인 프레젠테이션을 선보였다. 그의 뛰어난 프레젠테이션에 감동한 이베이 임직원들이 다시 옥션의 운영을 맡아달라고 부탁했을 정도라니, 얼마나 훌륭한 프레젠테이션이었는지 짐작하고도 남을 것이다. 결국 이 대표는 회사가 이베이에 넘어간 이후에도 옥션의 대표로 남을 수 있었다. 성공적인 프레젠테이션이 한 사람의 운명을 바꾸는 중요한 계기가 된 것이다.

커뮤니케이션 전문가나 인간심리학자들은 "당당하고 자신감 있는 커뮤니케이션은 개인과 조직에 막대한 영향을 미친다"고 설명한다. 나 역시 수많은 개인과 조직을 대상으로 교육과 훈련을 진행하면서, 커뮤니케이션의 영향력을 직접 실감했다. 커뮤니케이션 능력이 향상되면서 삶의 질도 함께 높아진 사람, 커뮤니케이션 능력의 계발로 회사의 핵심인재가 된 비즈니스맨을 수도 없이 보았다.

커뮤니케이션은 개인과 조직의 발전을 돕는다

과연 커뮤니케이션은 개인과 조직에 구체적으로 어떤 영향을 미치는가? 몇 가지로 정리해보았다.

첫째, 변화와 성취의 정도가 달라진다_ 커뮤니케이션 능력이 뛰어난 사람은 특유의 당당함과 자신감으로 매사에 적극적인 태도로 임한다. 사람들 앞에 나서는 데 거리낌이 없고, 다양한 사람과 일을 만나기에 그만큼 많은 기회를 얻게 된다. 반면 커뮤니케이션에 능하지 못한 사람은 대인관계에서부터 삐거덕거리며, 조직생활에 적응하지 못하고, 결국 소극적인 삶을 살아가게 된다.

둘째, 활력과 에너지의 정도가 달라진다_ 커뮤니케이션을 잘하는 사람은 다른 사람을 만나는 일을 즐긴다. 의사소통이 원활히 이루어지기에 만남에서 얻는 이득도 크다. 이처럼 원만한 대인관계는 삶에 크나큰 에너지원으로 작용하게 된다. 한편 커뮤니케이션이 원만하지 않은 사람은 사람들 앞에 나서기를 주저해, 혼자서 생활하고 일하는 경우가 많다. 다른 사람을 통해 얻는 활력이 없으므로, 그만큼 삶이 무기력해지기 쉽다.

셋째, 리더십의 정도가 달라진다_ 커뮤니케이션에 능하다는 것은 다른 사람들을 설득하고 '조종' 하는 데 능하다는 말이기도 하다. 즉 커뮤니케이션 능력을 갖추면 리더십 역량도 향상된다.

넷째, 성과와 승진의 정도가 달라진다_ 효과적인 커뮤니케이션 기술을 구사하는 사람은 자신이 이룬 성과를 드러내는 데도 뛰어나다. 이룬 성과만큼, 혹은 그 이상의 인정과 대가를 받을 수 있는 것이다. 하지만 말하기를 주저하는 사람은 자신이 한 일조차 제대로 어필하지 못하고, 승진에서 점점 멀어지기 십상이다.

다섯째, 조직 활성화와 생산성의 정도가 달라진다_ 커뮤니케이션 능력이 뛰어난 리더는 칭찬과 경청 등 커뮤니케이션 기술을 통해 조직원들을 격려하고, 우호적인 분위기를 조성한다. 업무 효율성과 생산성이 높아질 수밖에 없다. 하지만 커뮤니케이션 능력이 부족한 리더는 조직원들을 어떻게 다루어야 할지 몰라 좌충우돌한다. 조직원들 간에 불신과 적의, 비난, 비평, 불평 등이 난무하는 경우가 발생하게 되는 것이다.

그대, 커뮤니케이션으로 승리하라

나는 지난 20여 년간 커뮤니케이션과 리더십, 성공학 등 자기계발·인간경영훈련에 깊은 관심을 가져왔다. 그리고 지금까지 수많은 사람들을 교육·훈련하면서 이러한 잠재역량계발이 가져온 변화와 성취를 수도 없이 목격했다. 사실 나 역시 이러한 잠재역량의 계발로 인해 괄목할 변화를 겪은 실질적인 수혜자 중의 한 사람이기도 하다.

이 책 《일 잘하는 사람의 커뮤니케이션》은 지난 20여 년에 걸쳐 내가 현장에서 직접 겪은 산 경험, 수많은 사람들을 교육·훈련하면서 쌓은 노하우, 오랜 연구를 거쳐 정리한 원칙들을 실은 책이다. 실제 비즈니스 현장에서 발생하고 있는 사례, 교육현장에서의 사례경험 등을 바탕으로 실생활에서 바로 써먹을 수 있는 지침을 전달하고자 최대한 노력했다. 대화부터 보고, 회의, 협상, 프레젠테이션 등, 비즈니스 현장에서 벌어지는 커뮤니케이션 상황과 그 상황에 맞는 커뮤니케이션 전략을 정리했기에, 많은 사람들에게 실질적인 도움을 줄 수 있으리라 믿는다. 이 책에 실린 내용만 충실히 수행한다면 커뮤니케이션의 달인으로 거듭나는 것은 시간문제다.

  이 책이 나오기까지 많은 조언과 도움을 준 윌리엄연구소의 모든 컨설턴트들과 출판사 관계자들에게 깊은 감사를 드린다. 특히 원고 교정에 큰 도움을 준 장미소 컨설턴트에게 감사를 전하고 싶다. 부족한 자식을 위해 항상 기도를 드리시는 어머님, 이 책이 나오기까지 물심양면으로 내조를 아끼지 않은 나의 사랑하는 아내와 아들, 딸에게도 감사한다.

저자 윌리엄 장

추천의 글

역사는 커뮤니케이션으로 이루어진다. 국가와 권력의 역사는 물론, 개인의 인생도 커뮤니케이션이 시작과 끝이다. 흥망성쇠의 원인은 커뮤니케이션에 있기 때문이다. 현대인에게도 취업, 승진, 출세, 사업, 이 모든 것이 커뮤니케이션에 의해 좌우된다. 하지만 정작 커뮤니케이션을 어떻게 해야 하는지는 누구도 가르쳐주지 않는다.

능력이 뛰어난 사람이 말 한마디 잘못하여 출세가도에서 도중하차한 경우도 보았고, 좋은 기획력을 가진 회사의 직원이 고객 앞에서 의사소통을 잘못하여 프로젝트를 수주하지 못한 경우도 보았다.

그렇다면 상대방을 존중하고 기분 상하지 않게 하면서도 자신의 능력을 인정받고 목적을 달성할 수 있는 말은 무엇인가?

지금 그 비밀의 열쇠를 여러분의 손에 쥐어주고 있는 사람이 바로 《일 잘하는 사람의 커뮤니케이션》의 저자 윌리엄 장이다. 평소 타인과의 관계에서 커뮤니케이션을 어떻게 해야 하는지를 몇십 년 경험하고 나서 어느 정도 기준을 가지고 있는 본인도, 이 책을 읽고 나서는 감탄을 금할 수 없었다.

커뮤니케이션은 대화만 있는 것이 아니다. 보고, 회의, 협상, 영업, 프레젠테이션이 모두 커뮤니케이션이다. 이 책은 이런 주제에 따라 커뮤니케이션의 요령을 잘 정리하여 핵심을 찔러 가르쳐준다. 성공한 사람들이 이 책을 읽으면 자신의 비밀이 폭로된 듯한 느낌을 받을 것 같다.

이 책의 저자 윌리엄 장 선생은 이런 요령을 어떻게 터득해서 저술에 이르게 됐는지 놀라울 따름이다. 아직 성공하지 못한 사람들은 이 책을 읽는 동안 가슴속에 무언가 감동을 얻을 것이다. 그 감동대로 행하라. '침묵은 최고의 방어다', '미소는 확신과 자신감으로 해석된다', '반박하기 전에 일단 긍정하라'…. 이 책이 주는 이런 말들에 움직이지 않을 사람이 있겠는가?

학생들이여, 젊은이들이여, 아니 출세한 정치인이나 사업가도 이 책은 꼭 읽어두라. 이 책은 다른 어떤 책보다 분명 자신을 되돌아보게 하고, 더 큰 성공을 만들어줄 것이다.

하창우 변호사 (서울지방변호사회 회장)

contents

프롤로그　　4
추천의 글　　10

1. 대화 _ 내 편을 만드는 커뮤니케이션 기술

- 사소한 대화가 승진을 좌우한다 … 19
  "안녕하세요"는 일의 시작을 알리는 멘트 | 밝은 인사로 평판을 관리하라
  상사와의 대화는 성향 파악부터 | 동료, 후배와의 대화는 애정을 기본으로

- 업무 미팅에서 효과적인 대화법 … 28
  당신은 상사가 원하는 답을 아는가? | 단호하되 공격적이지 않게 : 나를 주장하는 대화

- 긍정적인 언어, 부정적인 언어 … 34
  긍정적인 사람은 인기가 좋다 | 험담은 반드시 비수로 돌아온다
  칭찬 부메랑 효과를 노려라

- 전화나 이메일에도 표정이 있다 … 41
  전화로 나누는 대화는 회사를 대변한다 | 잘 쓴 이메일은 당신의 품격을 높인다
  따뜻한 메신저로 동료들을 사로잡아라

★ 칼럼 | 간절한 염원만이 달인을 만든다 … 50

2. 보고 _ 좋은 평가를 이끌어내는 커뮤니케이션 기술

- 상사에게 다가가는 순간, 보고는 시작된다 … 55
  몸가짐에 당신이 고스란히 드러난다 | 미소는 확신과 자신감으로 해석된다
  힘 있는 서두가 높은 점수를 받는다

- 상사를 대접하라 … 62
  상사를 고객으로 모셔라 | 묻기 전에 보고하라 | 상향리더십 기법을 활용하라

- 한 번에 이해할 수 있는 보고가 최고다 … 68
  보고서가 일의 효율성을 좌우한다 | 3분 안에 간단명료하게 보고하라
  보고는 단문으로 승부하라

- 상사의 피드백에 적극적으로 반응하라 … 76
  잘못을 인정하고 해결책을 제시하라 | 반박하기 전에 일단 긍정하라 : YB 화법
  예상되는 질문에 대비하면 보고가 탄탄해진다

  ★ 칼럼 | 나만의 비전 카드를 만들어라 … 84

3. 회의 _ 의견을 관철하는 커뮤니케이션 기술

- 회의는 준비가 반이다 … 89
  회의 환경이 회의의 질을 좌우한다 | 세 수를 내다보면 승리한다 | 핵심은 힘이 세다

- 변화 화술로 분위기를 장악하라 … 96
  쉼표로 궁금증을 유발하라 | 강조 기법으로 집중을 끌어내라 | 질문으로 설득하라

- 듣는 만큼 보인다 … 101
  들으면서 메모하라, 메모하면서 정리하라 | 밉더라도 인정할 의견은 인정하라
  경청의 효과를 높이는 기술들

- 주도권은 표정에서 결정된다 … 108
  참석자의 '몸 말'을 읽어라 | 감정이 격해질 땐 한 박자 쉬어라
  시선은 1 대 1에서 4 대 6으로 옮겨라

  ★ 칼럼 | 즉결즉행으로 움직여라 … 116

4. 협상 _ 원하는 것을 얻어내는 커뮤니케이션 기술

- 프로페셔널하게 보여라 … 121
  - 장소와 시간 선정부터 주도하라 | 전문용어로 제압하라
  - 상대의 제안에 바로 답하지 마라

- 윈-윈은 전략이다 … 128
  - 일단 양보로 시작하라 | 상대의 체면을 세워줘야 이긴다 | 상대의 이익을 부각하라
  - Yes와 No를 정확히 표현하라

- 침묵은 최고의 방어다 … 135
  - 내가 경청하면 상대도 경청한다 | 수세에 몰리면 자리를 피하라

- 때론 권위로 제압하라 … 140
  - 빈틈을 찾아 공격하라 | 선인과 악인을 정하라 | '만약'으로 자극하라

- ★ 칼럼 | 100일간 올인하듯 몰입하라 … 146

5. 영업 _ 마음을 사고 서비스를 파는 커뮤니케이션 기술

- 고객의 가슴에 환상을 안겨라 … 151
  - 당신은 걸어 다니는 상품이다 | 유머로 경계를 풀어라 | 고객이 꿈꾸는 스토리를 들려줘라

- '판매'가 아닌 '상담'을 하라 … 159
  - 고객의 기호를 파고들어라 | '몸'을 읽으면 '마음'이 보인다

- 고마워하게 혹은 미안하게 만들어라 … 164
  - 칭찬을 싫어할 사람은 없다 | 이름을 부르면 없던 정도 생긴다
  - 자존심을 건드리면 반응이 온다

- 알아듣게 설명하라 … 170
  - 사람들은 새로운 것에 열광한다 | 가볍고 경쾌한 음성이 듣기도 좋다
  - 질문할 여지를 남기지 마라 | 설명하지 말고 실제 사례를 들어라

- ★ 칼럼 | 절대 절대 포기하지 마라 … 178

6. 프레젠테이션_ 청중을 휘어잡는 커뮤니케이션 기술

- 실전처럼 리허설하라 … 183
  - 불안감을 정복하라 | 성공 프레젠테이션을 위한 준비 : 3P 분석법
  - 현장 답사로 실수를 줄여라

- 쇼! 쇼를 하라! … 192
  - 관심을 끌어내는 첫 단계 : 소개는 SSCI 전략으로
  - 프레젠테이션 달인의 비밀 : EOB 법칙
  - 금기시 되는 주제는 피하라 | 결론은 극적으로 연출하라

- 암기는 금물이다 … 199
  - 비주얼로 말하라 | 깔끔한 용모로 대중의 시선을 잡아라
  - 파워포인트를 적극 활용하라

- 몸짓으로 오감을 자극하라 … 204
  - 단정한 자세로 호감을 사라 | 프레젠디의 손짓은 또다른 언어다 | 움직임은 규칙적으로

- ★ 칼럼 | 자신만의 내비게이션을 장착하라 … 210

부록_ 상황별 커뮤니케이션 예문

- 대화할 때 사용하면 좋은 말 … 215
- 보고할 때 사용하면 좋은 말 … 220
- 회의할 때 사용하면 좋은 말 … 221
- 협상할 때 사용하면 좋은 말 … 223
- 영업할 때 사용하면 좋은 말 … 225
- 프레젠테이션할 때 사용하면 좋은 말 … 227

내 편을 만드는
커뮤니케이션 기술

대화

비즈니스 세계에서 대화는 인적 네트워크를 구축하는 중요한 출발점이다. 직장 동료 혹은 상사와 나누는 대화에 따라 든든한 우군을 얻을 수도 있고, 직장 내에서의 존립이 위태로워질 수도 있다. 그저 '마음을 터놓고 솔직하게 대화하면 되지'라는 안일한 생각은 금물이다. 상대를 든든한 '내 편'으로 만들기 위해서는 철저한 전략과 준비를 바탕으로 커뮤니케이션을 진행해야 한다.

직장 안에서 이루어지는 대화는 다양하다. 동료들과 가볍게 나누는 잡담부터 업무 중에 오가는 짤막한 이야기, 회식자리에서 주고받는 농담, 간단한 업무 지시까지, 성격과 형식은 조금씩 다르지만 기본적으로는 대화의 형태를 띤다. 말하는 주체가 있고, 상대가 있고, 주제가 있다. 어떤 식으로 진행되든 직장 안에서 이루어지는 대화는 인적 네트워크를 구축하는 중요한 출발점이다. 바꿔 말해 대화는 관계를 다지는 좋은 기회라고 할 수 있다.

우리는 대화를 통해 서로를 탐색하고, 그 과정을 통해 서로에게 필요한 것을 나누기도 한다. 사소한 말 한마디로 인해 관계가 깊고 단단해지기도 하고, 혹은 걷잡을 수 없는 오해가 생기기도 한다. 그렇기에 직장에서 이루어지는 커뮤니케이션은 전략이 필요하다. 대화가 어떤 식으로 이루어지느냐에 따라 내 편을 만들 수도, 적을 만들 수도 있다. 업무 공간에서 이루어지는 대화는 기본적으로 내 편을 만드는 전초작업이 되어야 한다는 사실을 명심하자.

사소한 대화가 승진을 좌우한다

사소한 이야기를 주고받는다 해도 업무 공간에서 이루어지는 대화를 허술하게 대해서는 안 된다. 기본적으로 공적인 성격을 띠기 때문이다. 그래서 전략이 필요하다. 친한 직장 동료와 나누는 대화까지 사전에 계획하고 시나리오를 그려야 한다는 것이 삭막하게 느껴질지 모르겠지만, 실제로 직장에서는 작은 말 한마디가 그 사람을 평가하는 잣대가 된다.

대기업에 다니는 김 대리는 승진의 기회를 3년째 놓치고 말았다. 처음에는 회사가 요구하는 어학 성적이 부족한 것이 이유였기 때문에 하소연조차 할 수 없었다. 다음 해에는 승진 대기자가 많았기에, 연차에서 다른 사람에게 밀리고 말았다. 억울하긴 했지만 '어쩔 수 없는 일'이라고 스스로를 위로하고 넘겼다. 하지만 3년 연달아 승진이 좌절됐을 때는 도무지 받아들일 수 없었다. 어학 성적도 갖추었고, 승진 대기자도 자기 하나밖에 없었기 때문에 꼭 승진할 거라고 기대한 터였다. 알아 보니 고과 점수가 낮았던 것이 결정적인 원인이었다. 은근히 화가 난 김 대리는 팀장에게 면담을 신청했다.

"팀장님, 저는 정말 이해할 수가 없어요. 제가 승진을 못하는 이유가 뭔가요?"

억울한 마음에 눈시울까지 붉어진 김 대리 앞에서 팀장은 의외로 담담하게 대답했다.

"나도 자네가 그간 애쓴 건 잘 알지. 하지만 같은 팀원들이 주는 점수가 의외로 매우 낮더군. 불평불만이 많아서 신뢰가 안 간다는 평가가 많았어."

사실 김 대리는 동료들에게 기회가 있을 때마다 이런저런 불만을 터뜨렸다. 팀장이 팀원들을 공정하게 대하지 않고 자기만 미워한다는 둥, 팀장이 하는 일이 별로 없어 보인다는 둥, 누구는 팀장에게 잘 보이려고 별짓을 다한다는 둥, 업무와는 상관없는 이야기를 자주 늘어놓곤 했던 것이다. 김 대리가 그렇게 불평불만을 토로할 때마다 동료들은 그를 위로해주는 듯했다.

하지만 동료들의 속마음은 달랐다. 틈만 나면 팀장을 험담하고, 자기만 힘든 것처럼 하소연하는 김 대리의 모습을 좋지 않게 보았던 것이다. 김 대리가 슬픔도 기쁨도 함께 나눌 수 있다고 믿었던 사람들이지만, 명백하게 말하면 직장에서 그들은 경쟁자이다.

이와 같은 사례가 과장되었다고 생각하는가? 결코 그렇지 않다. 당신의 직장에서 빈번히 일어나는 일이다. 실제로 인사담당자들은 "아무리 능력이 뛰어나도 조직을 해치는 인재는 기피한다"고 말한다. 조직을 해치는 행위란 바로 김 대리처럼 끊임없이 불평불만을 늘어놓아 서로 신뢰할 수 없도록 만드는 일이다. 즉 조직에 부정적인 에너지를 발산하는 일이다. 그러므로 누구와 어떤 대화를 나누더라도 나태하게 굴 수는 없다. 사소한 대화 하나로 당신에 대한 평가가 달라질 수 있는 것이다.

"안녕하세요"는 일의 시작을 알리는 멘트

회사에서 업무가 시작되는 순간은 언제일까? 책상에 앉아서 컴퓨터를 켜는 순간일까? 아침에 모여 하루의 일정을 공유하는 회의시간일까? 직장 분위기와 업무의 특성에 따라 갖가지 대답이 나올 수 있겠지만, 어느 직장이든 업무가 시작되는 순간은 마찬가지다. 당신이 사무실에 들어서는 바로 그 순간, 일은 시작된다.

궁극적으로 회사는 일을 하는 곳이기에, 회사에서 벌어지는 모든 일은 어떤 식으로든 업무와 연관을 맺는다. 매일 반복되기에 아무 생각 없이 건네는 인사도 예외는 아니다. 당신이 어떻게 인사를 하는가에 따라 작게는 동료나 상사의 기분, 크게는 사무실의 분위기가 달라질 수 있다. 뾰로통한 표정, 아직 술이 덜 깬 얼굴, 늦잠을 잔 듯 부스스한 머리…. 축 늘어진 어깨에 기운 없는 표정으로 건네는 인사는 상대에게 '저 친구, 무슨 일 있나?'라는 걱정을 끼칠 수도 있고, 다른 사람의 기분까지 가라앉게 만들 수 있다.

전날 안 좋은 일이 있어서 기분이 나쁠 수도 있고, 몸이 아파서 기운이 나지 않을 수도 있겠지만, 어디까지나 개인의 사정일 뿐이다. 사적인 일을 직장까지 끌고 오는 것은 직장인으로서의 자질을 의심받을 만한 문제. 기분이 나쁘든 컨디션이 좋지 않든, 밝고 활기차게 인사하는 것은 직장인의 기본자세라 할 수 있다.

"안녕하세요!" 사무실에 들어서는 순간만큼은 밝은 표정으로 상사와 동료에게 인사를 건네도록 하자. 아침 인사는 하루의 일을 성공시키기 위한 주문이자 자신과 동료에게 힘을 불어넣는 기합이다. 매일 매일이 신나고 유쾌할 수는 없겠지만, 적어도 일을 대할 때는 긍정적인 자기 기운을 찾는 것이 중요하다.

밝은 인사로 평판을 관리하라

회사에 출근해서 일하는 동안 사무실이나 복도, 혹은 화장실에서 여러 사람과 마주치게 된다. 잘 아는 사람일 수도 있고 부서가 달라 얼굴만 아는 정도의 사람일 수도 있다. 하지만 친분의 정도와 상관없이 누구에게나 밝은 표정으로 인사해야 한다. 회사 안에서 만나는 모든 사람을 자신의 고객으로 여기는 자세가 필요하다. 그들 모두가 당신의 평판을 좌우할 수 있으며, 그들이 당신을 평가하는 데는 인사성이 중요한 기준이 되기 때문이다.

사실 같은 부서에 근무하지 않는 이상은 당신을 평가할 잣대가 절대적으로 부족하다. 당신의 업무 능력이 어느 정도인지, 성실하고 책임감 있게 맡은 일을 처리하는지 등을 객관적으로 판단하기가 힘들다. 그럴 때 크게 작용하는 요소가 당신에 대한 인상인데, 평상시에 예의 바르게 인사를 건네는 것만으로도 좋은 인상을 심어줄 수 있다.

취업사이트 '사람인'에서 발표한 "회사 적응 전략"에는 "인사성은 큰 노력을 들이지 않고 긍정적인 이미지를 만드는 방법"이라는 설명이 있다. 미소 띤 밝은 표정은 누구에게나 호감을 줄 수 있다는 이야기이다. 그러니 회사 안에서 만나는 모든 사람에게 당신이 먼저 인사를 건네도록 하자. 작은 수고만으로 당신에 대해 긍정적인 평판을 형성할 수 있을 것이다.

단, 인사를 할 때는 몇 가지 주의할 점이 있다. 먼저 상사에게 인사할 때는 상체를 30도 정도 숙여 공경을 표해야 한다. 까딱, 목례만 하고 마는 것은 '예의 없다'는 인상을 심어줄 수 있는 행동으로, 안 하니만 못한 인사가 되어버린다. 동료에게는 크고 분명한 목소리로, 이름이나 직함을 붙여서 건네는 인사가 좋다. 상대를 정확히 지칭한 인사는, 그에게 더욱 친근하게 다가서는 방법이다.

그렇다고 인사라는 것이 누군가를 만났을 때만 하는 것은 아니다. 명절은 물론이고 생일, 기념일 등 상대에게 특별한 날이거나 결혼, 승진 같은 경사스러운 일이 있을 때에는 그에 걸맞은 멘트로 마음을 전하도록 하자. 짧지만 진심이 담긴 인사는 비싼 선물보다 더욱 강력한 힘을 발휘한다.

당신이 건넨 인사 한마디가 커뮤니케이션, 더 나아가 대인관계의 출발점이 될 수 있다. 치열한 경쟁으로 삭막해지는 회사 안에서는 작은 친절이 큰 호감을 불러일으킬 수 있다. 직장 내에서 우군을 만드는 비결은 이처럼 단순한 행동에 숨어 있다는 사실을 알아야 한다.

상사와의 대화는 성향 파악부터

상사와의 대화는 누구에게나 어렵기 마련이다. 사소한 말실수 하나가 고과에 악영향을 미칠 수도 있고, 상사의 눈 밖에 나서 회사생활 자체를 힘들게 만들 수도 있다. 인사권을 쥐고 있는 상사 앞에서는 '고양이 앞의 쥐' 신세일 수밖에 없는 것이 대부분의 직장인이 처한 현실이다. 하지만 대화를 잘만 활용한다면 상사의 신임을 얻고 마음을 사는 기회가 될 수 있다.

그렇다면 상사와의 대화는 어떻게 해야 할까? 경영심리학 연구·컨설팅회사인 '페르소나'는 "상사와의 우호적인 관계는 당사자 간에 존재하는 신뢰에서 좌우된다"며 "신뢰를 쌓기 위해서는 상대방의 성격과 유형을 파악해, 그와 호흡을 맞춰야 한다"고 강조한다. 이를 토대로 보자면 상사의 성향 파악이 대화 기술의 첫 번째 요건이라 할 수 있다. 당신의 상사가 어떤 스타일의 사람인지 분석하고, 그에 걸맞은 대화법을 구사해야 한다는 말이다.

당신의 상사가 권위적이고 융통성이 없는 스타일이라면, 변명은 금물이다. 상사가 당신을 질책할 때, 정당한 근거를 들어 반박하더라도, 상사에 대한 도전이나 반항으로 받아들여질 가능성이 높기 때문이다. 이런 유형의 상사에게는 "잘못했습니다"라고 깨끗하게 사과하는 것이 최선이다. 자신의 잘못을 시인하고, 더 잘해보겠다는 긍정적인 태도를 보이는 사람에게 나쁘게 대할 상사는 없다.

부하직원과도 격의 없이 지내는 상사라면, 가볍게 일상 대화를 나눌 때라도 업무에 대해서 자연스럽게 이야기하는 것이 가능하다. 보고 절차나 격식을 제대로 갖추지 않더라도 당신의 열의를 공정하게 대할 공산이 크다. 또한 그런 상사라면 대화에 개인적인 문제를 끌어들여도 괜찮다. 진심으로 멘토를 대하는 심정으로 속내를 털어놓으면, 상사는 신뢰에 대한 보답으로라도 당신을 더욱 세심하게 챙기려 할 것이다.

한편 상사의 나이 역시 대화 기술을 결정하는 무시 못할 요소 중 하나다. 설명하자면 이렇다.

30대부터 40대는 한창 왕성하게 활동할 시기이자, 사회문제에 민감하게 반응하는 시기이다. 이 나이대의 상사와 이야기를 할 때는 최근 가장 화제가 되고 있는 사회 이슈를 소재로 삼으면, 대화에 활기가 돌 수 있다. 당신의 상사가 50~60대라면 예의범절을 따질 가능성이 높으므로, 되도록 말을 아끼고 상사의 말에 귀를 기울이는 것이 좋다. 특히 말투나 경어의 사용에 주의해야 한다. 젊은 직장인의 경우, 반말과 존댓말을 섞어서 사용하는 사람들이 많은데 나이가 많은 상사에게는 버릇없게 비칠 수 있다. 다소 어색하더라도 정중하게 '~습니다'체를 사용해야, 상사의 심기를 거스르는 불상사를 막을 수 있다.

휴식시간이나 회식자리 등 업무시간 외의 시간에 나누는 대화도 당신을 평가하는 계기가 될 수 있다. 상사와 이야기를 나눌 때는 언제나 긴장을 늦추지 말고, 그의 성향에 맞춰서 적절한 대화 기술을 구사하도록 하자.

> **TIP | 상사와 대화할 때 주의할 점**
>
> - 수긍할 수 없는 이야기라도 맞받아쳐서는 안 된다. 일단 동의한 후에, 객관적이고 정확한 근거를 들어 조심스럽게 반론을 제기하라.
> - 상사가 어렵고 불편하더라도 지나치게 자신을 낮춰서는 안 된다. 당신은 상사에 대한 예의라고 생각할지 몰라도, 상사는 당신을 자신감이나 의욕이 없는 사람으로 평가할 수 있다.
> - 업무와 관련된 대화에서 '~인 것 같다', '~일 것이다' 등의 불확실한 표현은 당신에 대한 신뢰를 떨어뜨릴 수 있다.
> - 상사가 정확하게 의사를 표현하기 전까지는 안심하지 마라. 아무 말이 없다고 상사가 당신의 생각에 동의할 거라는 지레짐작은 화를 부를 수 있다.
> - 되도록 상사에게 발언권을 넘겨라. 대화의 주도권을 상사에게 넘기는 일은 그에 대한 배려이자 예의이다. 또한 많은 사람들이 함께 나누는 대화에서는 상사를 칭찬하고 띄워주는 전략이 필요하다.

동료, 후배와의 대화는 애정을 기본으로

직장 동료나 후배는 상사에 비해 상대적으로 편한 상대다. 그래서 더 깊은 이야기를, 더 많이 나누게 된다. 하지만 단순히 친분관계에 그치지 않고 관계를 좀 더 건설적으로 이끌고 싶다면, 대화를 나누는 데도 전략을 세울 필요가 있다.

우선 동료와는 정보를 공유하는 대화가 바람직하다. 회사 사정이라든지 업무 분야에 대한 최신 정보를 나누는 식이다. 회사 상황을 알면 당신이 해야 할 일이 더욱 뚜렷해지며, 업무에 대한 최신 정보를 다양하게 많이 습득할수록 당신의 경쟁력은 눈부시게 향상될 것이다. 무의미하게 흘러갈 수 있는 잡담시간이라고 긴장의 끈을 놓지 말자. 동료들의 사는 이야기에서도 보고 배워야 할 점을 찾아내고, 새로운 아이디어를 구하도록 애써보자. 짧은 시간이지만 서로에게 유쾌하고 유익한 시간이 된다면, 동료들이 당신에게 주는 호감 점수도 치솟을 것이다.

그런데 이러한 관계가 형성되기 위해서는 당신이 알고 있는 정보를 먼저 건네야 한다. 정보가 곧 경쟁력인 오늘날, 자신이 갖고 있는 정보를 순순히 내줄 사람은 드물다. 상대가 필요로 하는 정보, 관심을 가질 만한 주제로 다가서라. 그러면 상대는 당신에게 고마움을 느끼고, 어느 순간 결정적인 도움을 줄 가능성이 크다.

물론 모든 관계를 정보를 주는 일로 출발할 필요는 없다. 먼저 상대의 이야기를 잘 들어주고, 상대편에서 문제를 해결하려는 자세로 대화에 임한다면 신뢰관계가 더욱 돈독해질 것이다.

또 한 가지 염두에 둘 사실은 나이가 비슷한 동료라도 반드시 예의를 갖춰 대해야 한다는 점이다. 업무 협조를 부탁하거나 도움을 요청할 때는 "부탁합니다", 도움을 받았을 때는 "감사합니다"라는 인사말을 잊지 말아야 한다. 인사가 없는 당신을 '무뚝뚝해서 표현이 서툰 것'이라고 이해해줄 만큼 사람들은 너그럽지 못하다. 맘껏 표현해야 제대로 전해진다. 직장 내에서 형성된 인간관계를 개인적인 친분관계와 착각하지 말기 바란다. 그들은 '동료'이지 '친구'가 아니다. 예의와 절도를 지킬 때, 서로 감정이 상하거나 얼굴 붉히는 일 없이 우호적인 관계를 유지할 수 있다.

다음으로 후배를 대할 때는 '기브$_{give}$'를 바탕에 깔아두도록 하자. 후배에게는 당신이 먼저 주는 것이 당연하다고 생각해야 한다. 당신보다 경력이 짧고, 일이 서툰 후배에게서 얻을 수 있는 것은 많지 않다. 그렇기에 회사생활이라든지, 업무 기술에 대해 당신이 알고 있는 지식을 전해주는 대화가 이루어져야 한다. 언뜻 생각하기에 당신이 손해인 듯하지만, 결코 그렇지 않다. 지식과 노하우를 전수하는 대신 당신은 신뢰와 충성을 얻을 수 있다. 당신을 믿고 따르며, 수족처럼 도울 사람을 얻게 되는 것이다. 즉 후배와의 대화는 '미래를 위한 투자'라고 할 수 있다.

상사를 대할 때 기본적인 마음가짐이 '존경'이어야 한다면, 동료나 후배를 대할 때의 마음가짐은 '애정'이어야 한다. 애정을 갖고 그들과 대화를 나누다 보면, 어느덧 그들은 당신의 든든한 지원군이 되어 있을 것이다.

업무 미팅에서 효과적인 대화법

업무와 관련된 모든 만남은 '업무 미팅'에 속한다. 직장 내에서 업무와 관련해 나누는 짧은 대화부터 거래처 사람과의 일정 및 업무 협조를 위한 회의, 그리고 고객 응대까지 모두가 업무 미팅에 포함된다. 정식 회의가 아니라고 해서, 혹은 상대가 직장 상사가 아니라고 해서

가볍게 생각하고 미팅에 임했다가는 큰 코 다치기 십상이다. 업무를 소홀히 한 것이나 마찬가지이기 때문이다.

광고회사에 다니는 유 모씨는 얼마 전 사장으로부터 큰 칭찬을 받았다. 거래처 기업과의 미팅에 참석했다가 유씨에 대한 호평을 들었다고 했다. "어디서 그런 인재를 구했냐?", "예의가 바르고 기본을 아는 사람이다"…. 자기의 직원에 대한 칭찬에 기분이 좋아진 사장은 전 직원이 모인 자리에서 유씨를 치켜세웠다. 입사한 지 얼마 되지 않아 별다른 주목을 받지 못하던 그가 일약 촉망받는 기대주로 등극(?)하는 순간이었다.

귀찮고 피곤해서 대부분의 직원이 피하는 외근을 유씨는 늘 나서서 도맡았다. 인맥을 넓힐 수 있는 기회라고 판단했기 때문이다. 직급과 나이를 불문하고 만나는 사람 한 명 한 명에게 예의를 차린 이유도 여기에 있다. 유씨는 대화를 나눌 때도 상대를 우위에 두었다. 설사 거래처를 설득해야 하는 자리라도, 그는 말을 아끼며 상대의 이야기에 집중했다. 그런 그의 모습이 사람들에게 호감을 준 것이다.

자기의 이야기에 귀를 기울이는 사람을 좋아하지 않을 사람은 없다. 대부분의 사람들은 경청을 '존중'의 의미로 해석한다. 내 이야기에 집중한다는 것은 나의 의견을 존중한다는 의미로, 나의 의견을 존중한다는 것은 곧 나를 존중한다는 의미로 받아들이는 것이다. 당연히 호감이 생길 수밖에 없다.

더욱이 경청은 상대의 생각을 파악하는 첩경捷徑이라 할 수 있다.

내 주장만 고집하면 결코 상대의 본의를 알 수 없다. 나만 이야기를 해서는 대화 자체가 성립이 안 된다. 대화가 무엇인가? 이야기를 주고받는 일이 아닌가? 때론 입을 다물고 상대의 이야기를 들으면서, 그의 생각을 분석하는 전략이 필요하다.

유씨는 이러한 경청의 효과를 알았기에, 커뮤니케이션에 적극 활용했고 결국 좋은 평가를 이끌어낼 수 있었다. 거래처 사람을 자신의 편으로 만들었고, 이를 통해 사내에서 높은 점수를 얻게 되었다. 대화를 성공적으로 이끄는 비밀은 경청에 있다.

당신은 상사가 원하는 답을 아는가?

사내에서 이루어지는 업무 미팅의 핵심은 '업무의 원활함'이다. 상사와 업무 진행에 대해 이야기를 나눌 때, 당신이 신경을 써야 할 부분은 '업무의 원활함을 위해 상사가 무엇을 원하는가'이다. 당신이 어떻게 일하길 바라는가, 즉 당신에게서 어떤 대답을 듣고 싶은가를 그의 이야기에서 짚어내야 한다.

가장 효과적인 방법은 반복해서 등장하는 단어를 찾는 것이다. 사람은 무의식중에 자신이 중요하다고 생각되는 내용을 되풀이하여 강조하는 경향이 있다. 이야기 속에 유난히 자주 나오는 단어, 혹은 상대의 목소리가 커지거나 발음이 강해지는 단어를 찾으면 그가 중요하게 여기는 부분이 무엇인지 짐작할 수 있다.

상사가 '일정'이라는 단어를 자주 언급한다면, 그는 '일정 준수'를 중요시한다고 판단할 수 있다. 그때는 "반드시 일정 내에 업무를 완수할 수 있도록 최선을 다하겠습니다"라는 답변이 바로 상사가 원하는 답이다. 이외에도 성공적인 리스닝Listening의 기술이 몇 가지 더 있는데, 살펴보자면 이렇다.

첫째, 들을 것만 들어라_ 업무 미팅이라고 하더라도 반드시 업무에 대한 이야기만 나누지는 않는다. 간혹 이야기가 샛길로 흘러가기도 한다. 경청을 해야 한다고 해서, 실속이 없는 주제까지 모두 주의 깊게 들을 필요는 없다. 상대의 이야기에서 당신에게 필요한 부분만 취사선택하라. 미팅이 주제에서 벗어나는 순간을 생각 정리의 기회로 삼아도 좋다. 잠시 듣기를 멈추고, 이전에 들은 내용을 되새기며 정리하는 것이다. 정리한 내용을 토대로 의견을 제시하면, 체계적이고 논리적이라는 평가를 받을 수 있다.

둘째, 아이디어를 기대하라_ 미팅이나 토론에서 자신의 생각에만 매달려 있으면 다른 사람의 의견을 받아들일 수 없다. 당신의 의견은 미팅 전에 이미 정리를 끝내야 한다. 그리고 미팅 자리에서는 상대의 의견에 집중하는 것이다. 그가 당신에게 도움이 될, 당신에게 필요한 아이디어를 제시할 것이라고 기대하라. 기대를 품고 대화에 임하면, 상대의 발언이 더 잘 들리고 필요한 정보를 찾아내기도 용이해진다.

셋째, 중간 중간 가벼운 추임새를 넣어라_ 추임새는 '얼씨구', '그렇지', '좋다'처럼 판소리에서 고수鼓手가 흥을 돋우기 위해 사용하는 말이다. 소리의 강약을 조절할 뿐 아니라, 소리꾼과 청중이 어울리게 하는 매개체 역할을 하기도 한다. 커뮤니케이션에도 추임새가 필요하다. 상대의 이야기에 '네', '그렇군요', '맞습니다'처럼 짧은 추임새를 넣으면, 상대는 탄력을 받아 더욱 열심히 의견을 제시한다. 많은 이야기가 오가게 하고 결과적으로 대화의 질을 높이는 도구가 바로 추임새이다.

단호하되 공격적이지 않게 : 나를 주장하는 대화

《CEO의 거짓말과 조직의 행복》이라는 책을 쓴 경영 컨설턴트 심윤섭 씨는 '속지 말아야 할 상사의 거짓말' 중 하나로 "무엇이든 편하게 말해. 난 개방적인 사람이거든"을 꼽았다. 이 말을 믿고 마음에 담아두었던 말을 꺼냈다가는 뒤통수를 맞기 십상이라는 주장이다.

안타까운 일이지만 자기주장이 강한 직원을 좋아하는 상사는 그리 많지 않다. 상사도 사람인지라 자신의 의견에 귀 기울이며, 동의를 표하는 직원에게 마음이 갈 수밖에 없다. 물론 상사가 불합리한 지시를 내릴 때, 비효율적으로 업무를 추진할 때는 반대의 목소리를 낼 수 있어야 한다. 하지만 아무리 합리적이고 객관적인 의견이라 할지라도, 상사의 기분을 상하게 할 수 있으므로 주의가 필요하다.

특히 명심할 점은 공개석상에서는 절대 상사의 의견에 정면으로 반박해서는 안 된다는 사실이다. 많은 사람들 앞에서 반대에 부딪친 것에(그것도 부하직원의 반대에!) 상사는 창피함을 넘어, 수치심을 느낄 수 있다. 심한 경우 '권위에 대한 도전'으로 오해할 수도 있다. 그러니 상사의 의견에 동의할 수 없더라도 일단 침묵하고, 나중에 따로 자리를 만들어서 이야기를 진행하도록 하자.

또한 상사의 의견에 반박하거나 자신의 주장을 펼 때는 '단호하되 공격적이지 않게' 말하는 것이 포인트다. 당신의 주장이 어디까지나 업무의 효율성과 회사의 발전을 위한 발언이지, 상사에 대한 공격이나 반발로 보여서는 안 된다.

예를 들어 상사가 당신에게 업무를 지시한다고 가정해보자. 당신은 이미 업무 과중 상태로 도저히 새로운 일을 맡을 수 없는 상황이다. 이때 어떻게 답을 해야 당신의 뜻을 명확하게 전달하면서 상사의 기분을 상하지 않게 할 수 있을까? 몇 가지 답변을 예로 들어 설명해보겠다.

① "저는 지금 하는 일로도 벅찹니다. ○○○ 씨에게 맡기시면 어떨까요?"

: 능력 부족 혹은 엄살로 비칠 가능성이 농후하다. 상사가 여러모로 고려했을 때 당신이 적임이라고 생각했다면, 이에 따르지 않는 당신을 괘씸하게 여길 수도 있다.

② "저를 믿고 맡겨주셔서 진심으로 감사드립니다. 그런데 제가 지금 A프로젝트를 진행하고 있어서 이번 업무를 병행하기가 힘들 것 같습니다. 잘못하면 두 가지 프로젝트에 모두 집중하지 못하는 불상사가 생길 것 같아 염려스러운데, 팀장님이 생각하기엔 어떠신지요?"

: 질문을 통해 상사에게 결정권을 넘김으로써, 상사의 권위를 세우면서 당신의 뜻을 전할 수 있는 방법이다. 상사가 당신의 의견을 받아들여 지시를 철회하더라도, 자신이 제반사항을 고려했다고 생각해서 당신이 거부한 것이라고는 여기지 않는다.

상사의 의견에 반박하거나 당신의 의견을 주장할 때는 구체적인 근거를 들어야 감정적인 오해를 피할 수 있다. 그리고 당신의 요구가 받아들여졌을 때의 긍정적인 효과, 혹은 당신의 요구가 받아들여지지 않았을 때의 부정적인 효과 등을 언급하여 상대가 당신의 요구를 수용할 수 있도록 만드는 전략도 효과가 좋다.

긍정적인 언어, 부정적인 언어

미국의 차세대 종교지도자로 손꼽히는 조엘 오스틴Joel Osteen 은 자신의 저서 《내 인생을 바꾼 긍정의 힘》에서 "당신의 말에 기적이 있다"고 설파했다. 긍정적인 생각과 말을 하는 사람일수록 더 강하고, 고통에서 더 빨리 벗어나는 경향이 있다는 설명이다. 그는 "어려운 시절을 빨리 극복하고 더 나은 미래를 보고 싶다면, 긍정적인 말을 많이 하려고 최대한 노력해야 한다"고 강조한다.
　오스틴의 주장처럼 긍정적인 언어는 기적 같은 힘을 발휘한다. 자신은 물론 다른 사람에게까지 희망차고 밝은 기운을 불어넣는다. 사람의 마음을 열고, 그를 움직이게 만드는 것도 긍정적인 언어의 힘이다. 그래서 뛰어난 리더들은 부하직원을 독려하기 위해 긍정적인 언어를 활용하곤 한다.

　한 중소기업에 근무하는 신 이사는 직원들 사이에 인기가 좋다. 오직 그에게 배우기 위해 회사를 다닌다는 직원이 있을 정도다. 상사라면 고개를 설레설레 젓는 직장인이 많은 현실에서, 신 이사는 어떻게 직원들의 마음을 사로잡았을까?

비결은 '절대 긍정'에 있다. 그는 단 한 번도 직원들에게 "안 된다", "불가능하다"라는 이야기를 한 적이 없다. 직원이 무모하게 보이는 프로젝트나 실현 가능성이 적은 기획을 제안해도, "정말 참신한 아이디어군. 지금 당장은 실행하기 어려울지라도, 언젠가는 우리가 꼭 해내도록 합시다"라며 칭찬하고 격려했다.

또한 신 이사는 직원의 장점을 발견해내는 데 천부적인 재능을 지녔다. 회사에서 아무리 평판이 나쁜 직원이라 할지라도 장점을 찾아내고, 그 점을 높이 평가했다. 일례로 아부가 심하다며 따가운 눈총을 받는 직원을 "자네는 다른 사람의 마음을 헤아리고, 맞춰줄 줄 아는 능력이 있어. 그건 결코 쉽게 얻을 수 있는 능력이 아니지"라고 치켜세웠다. 99가지의 단점을 비난하기보다 1가지의 장점을 칭찬한 것이다. 이에 직원들은 "신 이사님과 이야기를 하면 절로 기분이 좋아진다", "신 이사님은 에너지를 불어넣어주는 분"이라며, 그를 전적으로 믿고 따랐다.

이처럼 긍정적인 언어는 상대에게 강력한 영향력을 발휘한다. 그런데 긍정적인 언어 못지않은 위력을 지닌 언어가 있다. 바로 부정적인 언어다. "자네는 그래서 안 돼", "이걸 아이디어라고 낸 건가?", "제 능력으로는 도저히 할 수 없는 일입니다." … 부정적인 생각과 이를 표현한 말은 듣는 사람의 기운을 뺄뿐더러, 말을 하는 사람에 대한 신뢰와 기대도 잃게 만든다. 부정적인 언어는 그 파괴력이 치명적이고 크기에, 조심해서 다루어야 한다.

긍정적인 사람은 인기가 좋다

직장인들은 하루 24시간 중 3분의 1이 넘는 시간을 회사에서 보낸다. 그렇다 보니 함께 일하는 사람들의 감정 곡선을 따라가는 경우가 많다. 상사의 기분이 좋지 않을 때, 부하직원들은 '혹시 불똥이 튀지 않을까' 마음을 졸이는 바람에 긴장하고 기분까지 침울해진다. 동료가 하루 종일 짜증을 내면, 옆에서 받아주는 사람도 괜히 짜증이 나게 마련이다.

당신이 생각 없이 던진 한마디가 다른 사람에게 의외로 큰 파장을 일으킬 수 있다. 그렇기에 사소한 대화일지라도 언어를 선택하고 말을 건넬 때는 신중해야 한다. 감정과 기분은 전염성이 강하다. 당신의 긍정적인 언어는 상대의 기분도 좋게 만들고, 당신의 부정적인 언어는 상대의 기분도 망치는 법이다. 그러니 다른 사람과 대화할 때는 되도록 긍정적인 표현을 사용하도록 하자.

직장 동료로부터 "오늘 기분이 어때요?"라는 질문을 받았다고 가정해보자. 당신은 전날 마신 술이 깨지 않아 머리가 아프고, 아침부터 상사에게 꾸지람을 들어 침체된 상태다. 그렇다고 하더라도 "좋습니다. ○○○ 씨는 어때요?"라고 밝게 대답할 필요가 있다. 늘 환한 웃음을 짓고, 긍정적인 마음가짐을 지닌 사람은 누구에게서나 호감을 살 수 있다. 함께 있으면 자기까지 기분이 좋아지기 때문이다. 만약 당신이 솔직하게 "힘들어 죽겠어요"라는 답을 내놓는다면, 상대는 당혹감이나 불쾌함을 느낄지도 모른다. 솔직함이 능사는 아니다. 당신의 기분을 감추고 활기찬 답변을 내놓는 것은 상대에 대한 배려이자, 그의 마음을 사기 위한 전략이다.

물론 모든 이야기를 긍정적으로만 표현하기는 힘들다. 하지만 부정적인 단어를 사용하는 순간에도 최대한 순화시킬 필요가 있다. 일례로 상대가 어떻게 받아들일지 짐작하기 힘든 이야기를 꺼낼 때, 흔히 "제 이야기를 오해하지 마시고…"라는 표현을 쓰곤 한다. 상대의 오해를 막기 위해 깔아두는 포석이지만, 이 말 때문에 오히려 상대가 경계할 수 있다. '무슨 이야기인데, 오해하지 말라는 거지? 안 좋은 말이라도 꺼내려는 건가?' 오해라는 단어가 실제로 '오해'를 부를 수 있다. 이럴 때는 "제 생각이 제대로 전달됐으면 좋겠는데요…"처럼 부드럽게 표현하는 지혜가 필요하다.

긍정적인 언어가 단순히 대인관계에만 이익을 가져오는 것은 아니다. 매사에 긍정적인 사람은 업무 면에서도 좋은 평가를 받을 수 있다. 열정과 확신을 가지고 업무에 임할 것이라는 기대에서다. 실제로 긍정 심리학의 창시자로 불리는 마틴 셀리그만 Martin Seligman 펜실베이니아 대학교 심리학과 교수는 "자신이 행복하다고 생각하는 사람들이 자신을 행복하지 않다고 생각하는 사람들보다 더욱 생산적이고 창조적"이라는 연구결과를 발표하기도 했다.

험담은 반드시 비수로 돌아온다

다른 사람과 함께 일을 하다 보면 감정적으로 부딪치는 경우가 생긴다. 의견이 달라서 생긴 갈등의 골이 깊어지기도 하고, 상대의 업무 방식에 대한 불만이 사람에 대한 불만으로 전이되기도 한다. 하지만 상대로 인해 감정이 상하더라도 즉각적으로 대응하는 일은 어떻게든 피해야 한다. 다른 사람에게 당신의 기분을 상하게 만든 사람에 대해 험담하는 일도 자제해야 한다.

　남에 대한 칭찬은 나에 대한 칭찬으로, 남에 대한 비난은 나에 대한 비난으로 돌아온다. 그리고 돌아올 땐 칭찬이든 비난이든 강도强度가 세지고 수위水位가 높아지기 마련이다. 이것이 부정否定의 언어를 신중하게 다뤄야 하는 이유다. 자신에 대한 평판을 관리하고 싶다면, 일부터 행동거지까지 올바르게 처신하는 것도 중요하지만, 다른 사람에 대한 험담이나 비판을 자제하는 것이 더욱 중요하다.

　상사나 동료 때문에 기분이 상했을 때는 하루 정도의 시간, 혹은 최소한 몇 시간이라도 다시 한 번 그 문제를 차분히 생각하는 시간을 갖도록 하자. 시간의 경과에 따라 감정의 상태도 달라지기 마련이다. 이성적으로 판단하면 어떤 대응이 당신에게 득이 될지를 가늠할 수 있을 것이다.

　그렇다면 반대로 누군가의 험담을 들어주는 입장일 때는 어떻게 해야 할까? 부하직원에 대한 불만을 터뜨리는 상사, 상사의 잘못을 들먹이는 동료 앞에서는 어떤 식으로 대처해야 좋을까?

　가장 좋은 방법은 그냥 들어주는 것이다. 설사 상대의 이야기가 비합리적이고, 잘못된 판단이라 할지라도 일단은 듣고 있어야 한다. "그는 그런 사람이 아니야", "없는 자리에서 험담하는 건 좀 그렇지 않아?"라고 말한다고 해서 당신을 '공평하고 올바른 사람'이라고 평가할 가능성은 매우 낮다. 오히려 '편을 든다'고 오해하는 경우가 다반사이다. 상대가 당신을 '적'으로 간주할 위험도 있다. 만약 상대가 당신의 동조를 구할 경우에는 "나는 잘 모르겠는데…"라는 식으로 직접적인 대답을 피하는 것이 좋다.

칭찬 부메랑 효과를 노려라

칭찬은 당신에게 되돌아온다는 점에서, 효과적인 커뮤니케이션 도구다. 당신이 상대를 칭찬하면 상대 역시 당신에게서 장점을 찾으려고 노력하게 된다. 자기에 대해 긍정적인 평가를 내리는 사람을 애써 깎아내리려는 사람은 많지 않다. 누군가 당신에 대해 물었을 때도, 그는 당신의 단점보다 장점에 집중해 이야기할 것이다. '되로 주고 말로 받을 수 있는' 몇 안 되는 좋은 선물 중 하나가 바로 칭찬이다.

한 가지 주의할 사실은 칭찬에도 기술이 필요하다는 것. 무조건 상대를 띄운다고 그를 내 편으로 만들 수 있는 일은 아니다. 거짓된 칭찬은 들통날 수밖에 없으며, 도에 지나친 아부나 속 보이는 칭찬은 오히려 상대의 기분만 상하게 할 뿐이다. 효과가 강력한 커뮤니케이션 도구인 만큼, 사용에 주의를 기해야 한다. 그렇다면 칭찬의 기술에는 무엇이 있을까?

먼저 칭찬의 효과를 극대화하기 위해서는 정확한 타이밍을 공략해야 한다. 부하직원이 사업계획서를 제출했다고 치자. 정해진 일정 내에 훌륭한 결과물을 내왔다면? 검토하는 그 즉시, 직원의 어깨를 가볍게 두드린다든가 눈을 마주치며 "역시 자네야! 훌륭하군!" 등의 칭찬을 건네야 효과가 좋다. 기대 반, 두려움 반으로 상사의 반응을 기다리던 직원은 기쁨을 넘어 짜릿한 쾌감을 느끼게 된다. 시간이 지난 후 칭찬을 하는 것은 김이 빠진 맥주를 건네는 일이나 다름없음을 명심하라.

또한 칭찬을 할 때는 말은 절제하고 몸짓은 과장된 것이 좋다. 예를 들어, 상대의 두 손을 꼭 잡아준다든가 박수를 친다든가 하는 식으로 마음을 표현하는 것이다. 때론 몸짓이 말보다 더욱 강력한 커뮤니케이션 도구가 된다. 말은 아부나 공치사라는 오해를 살 수 있지만, 진심이 묻어난 몸짓은 상대를 감동시키기 마련이다. 그러니 온몸으로 상대를 칭찬하라.

한편 칭찬은 윗사람이 아랫사람에게 하는 것이라고 생각하기 쉬운데, 꼭 그렇지만은 않다. 오히려 윗사람은 은근히 아랫사람의 칭찬을 기대한다. '칭찬=존경'으로 이해하는 상사가 많기 때문이다. 윗사람이 두드러진 성과를 거뒀을 때, 건설적인 의견을 제시했을 때는 고개를 크게 끄덕이며 "역시 다르십니다. 대단하세요"라는 감탄을 건네보자. 자신의 장점에 감복하고 칭찬하는 직원을 밉게 볼 상사는 없다.

TIP | 상대에 따른 칭찬 기술

- 상사 : 간접적인 칭찬이 효과적이다. 예를 들어 상사와 함께 거래처 사람을 만나는 자리에서 "제가 가장 존경하는 팀장님이십니다" 등의 말로 상사를 치켜세우는 것이다.
- 동료 : 가능한 한 공개적으로 칭찬하는 것이 좋다. 회의석상 등 사람들이 많이 모인 자리에서 동료의 성과를 알리면, 그는 당신을 우군으로 생각하게 된다.
- 부하직원, 후배 : 잘못한 일이 있을 때조차 채찍 대신 당근을 사용하라. 당신의 질책을 예상하며 주눅이 든 직원에게 건네는 따뜻한 한마디는 당신에 대한 충성도를 높인다.

전화나 이메일에도 표정이 있다

얼굴을 마주하고 나누는 대화만이 커뮤니케이션의 전부는 아니다. 인터넷 사용이 일상화되고, 통신기기가 발달하면서 이메일과 전화가 커뮤니케이션 도구로 자리 잡은 지 오래다. 특히 거래처 직원이나 고객 등, 외부 사람과의 커뮤니케이션은 대부분 이메일과 전화를 통해 이루어진다. 또한 메신저가 대중화되면서 회사 내에서도 간단한 의사소통은 메신저를 활용하는 경우가 많다.

그런데 전화나 이메일, 메신저처럼 상대의 얼굴을 보지 않고 진행하는 커뮤니케이션에는 여러 가지 애로사항이 있다. 먼저, 상대의 표정을 읽을 수 없다는 점이 가장 큰 문제다. 상대가 당신의 말에 심기가 불편해졌다거나 당신의 의견이 마음에 들지 않는다고 하더라도, 그가 표현하지 않는 이상은 알 도리가 없다. 반응을 체크할 수 없기에 당신의 뜻대로 대화를 이끌기가 힘들어지는 것이다.

그나마 전화는 목소리로라도 상대의 기분을 짐작할 수 있으니 나은 편이다. 이메일이나 메신저는 오직 '글'만으로 커뮤니케이션이 이루어지기 때문에, 상대의 진심을 파악하기가 더욱 힘들다. 또한 상대가 당신의 말을 잘못 해석할 가능성도 높다. 당신의 의도와는 다르게, 상대가 자신의 방식대로 당신의 글을 해석하고 오해할 수 있는 것이다.

그렇기에 전화나 이메일, 메신저 등을 통한 특수한 커뮤니케이션은 더욱 '친절'해야 한다. 상대의 입장에서 생각하고, 그가 가장 쉽게 이해할 수 있는 방식으로 커뮤니케이션을 진행해야 한다는 말이다.

포털사이트회사에 갓 입사한 강 모씨는 임원 회의에 다녀온 팀장으로부터 크게 칭찬을 들었다. 한 고객이 회사 홈페이지 게시판에 강씨에 대해 올려놓은 칭찬이, 회의에서 언급된 것이다. "사이트 이용이 불편해서 항의하려고 전화를 했다가 직원의 친절한 응대에 화가 누그러졌다. 오히려 회사에 대한 신뢰가 생겼다"는 요지의 글이었다. 우연히 그 글을 읽은 대표가 이야기를 꺼내며 "우리 회사에 이런 직원이 있어서 든든합니다. 어느 팀 소속입니까?"라고 물었고, 강씨의 사수인 팀장이 대신 박수를 받았다고 했다.

강씨가 고객의 전화를 받은 날은 고객 서비스팀 김 대리의 부탁으로 점심 당직을 선 날이었다. 입사한 지 얼마 되지 않아 순간 당황했지만, 침착한 어조로 친절하게 응대했던 것이다.

전화로 나누는 대화는 회사를 대변한다

전화 응대는 가장 기본적인 비즈니스 에티켓 중 하나이지만, 의외로 많은 사람이 소홀히 생각하는 부분이기도 하다. 물론 업무로 바쁜 시간에 걸려오는 전화가 귀찮을 수 있다. 더욱이 당신에게 직접 걸려온 전화가 아니라면, 더더욱 예의를 갖출 필요성을 느끼지 못할 수 있다. 하지만 한순간의 실수로 중요한 비즈니스를 잃게 되거나 회사에 대한 부정적인 선입견을 심어줄 수 있다는 사실을 명심해야 한다.

이러한 교훈은 일본 최대의 전자회사인 '도시바'의 경험에서도 찾을 수 있다. 사연은 이렇다. 한 고객이 제품의 오작동에 대해 문의하기 위해 고객센터에 전화를 걸었다. 그런데 직원은 마치 귀찮다는 듯, 무성의하게 답변하는 것이 아닌가? 이에 고객이 "친절하게 상담하는 게 직원의 업무가 아니냐?"고 항의하자, 오히려 고객에게 폭언을 퍼붓고는 일방적으로 전화를 끊기까지 했다. 화가 난 고객은 통화 내용을 녹음하여 인터넷에 올렸고, 녹취 파일은 빠른 속도로 수많은 네티즌에게 퍼져나갔다. 결국 부사장이 공개사과를 하면서 사건은 일단락됐지만, 추락한 회사의 이미지를 회복하는 데는 오랜 시간과 노력이 필요했다.

이것이 당신이 전화를 예의 바르고 정중하게 받아야 하는 이유다. 당신이 고객 서비스팀에 근무하는 직원이 아닐지라도, 고객의 전화를 받는 순간에는 상담원이 되어야 한다. 전화를 건 사람은 당신을 통해 회사의 이미지를 판단한다. 그러니 고객뿐 아니라 어떤 상대의 전화라도 상담원의 마인드로 응대하도록 하자. 다음은 회사에서 전화를 걸고 받을 때, 유의할 점이다.

첫째, 소속과 이름을 밝힌다_ 전화를 받을 땐 상대방이 당신의 신분을 확인할 수 있도록 소속과 이름을 분명히 밝혀야 한다. "감사합니다. ○○기업 ○○○입니다"라는 인사는 상대가 전화를 제대로 걸었음을 알려주는 신호이자 배려이다. 또한 상대가 당신을 가늠하는 기준은 오직 목소리뿐이므로, 되도록 밝고 명랑한 목소리로 전화를 받는 것이 좋다.

둘째, 다른 사람의 전화를 받았을 때는 반드시 메모한다_ 부재중인 직원에게 걸려온 전화를 대신 받았을 때는 반드시 메모를 남기도록 하자. 누가, 언제, 어떤 용건으로 전화했는지를 기록으로 남겨

본인에게 전달하는 것이다. 그가 상대의 연락처를 모를 경우를 대비해, 연락 가능한 전화번호를 받아둘 필요도 있다. 전화 한 통도 소홀히 하지 않는 당신의 깔끔한 일처리가 상사나 동료에게 좋은 인상을 심어줄 수 있다.

셋째, 상대의 상태를 확인한다_ 전화를 걸었을 때는 "지금 통화 괜찮으신가요?"라며 상대의 상태를 확인해야 한다. 상대가 통화를 하기 여의치 않은 상황인데, 전화를 걸어 다짜고짜 당신의 용건만 늘어놓으면 대화가 제대로 이루어지지 않을뿐더러 '배려가 부족한 사람'이라는 인식을 심어줄 수 있다. 같은 이유로 전화를 걸 때는 상대의 상황을 고려해, 업무로 바쁜 오전시간이나 식사시간은 피하는 센스가 필요하다. 급한 업무가 아니라면 오후 2시~5시 정도에 전화를 걸도록 하자.

넷째, 중요한 내용은 되물어 확인한다_ 통화 내용 중 중요한 내용은 전화를 끊기 전에 되물어 확인하도록 하자. 예를 들어 거래처 사람과 만날 약속을 했다면 "○월 ○일 ○시에 ○○에서 보기로 한 거죠?"라고 다시 확인해야, 혹시 생길지 모르는 실수를 방지할 수 있다.

다섯째, 전화를 끊을 때도 요령이 필요하다_ 용건이 끝났다고 해서 상대방보다 먼저 전화를 끊는 태도는 바람직하지 않다. 특히 상대가 전화를 한 경우나 연장자라면, 그가 수화기를 내려놓을 때까지 기다리고, 한 박자 쉰 후에 수화기를 내려놓도록 하자. 수화기를 통해 들려오는 딸깍, 전화 끊는 소리가 상대에게는 차갑고 예의 없다는 부정적인 이미지를 심어줄 수도 있다.

잘 쓴 이메일은 당신의 품격을 높인다

이제 비즈니스 세계에서 이메일은 없어서는 안 될 커뮤니케이션 수단이 되었다. 많은 기업들이 빠른 시간 안에 메시지를 보냄으로써 나와 상대의 시간을 절약하고, 기업 전체의 업무 수행 속도를 높인다는 점에서 이메일을 적극 활용하고 있다.

하지만 폐해도 만만치 않다. 미국에서 기업을 상대로 이메일 에티켓을 강의하고 있는 워서맨wasserman은 "너무 간단한 이메일의 경우, 상대에게 무례한 메시지로 읽힐 수 있다"며 "보내는 사람은 사실적으로 쓰는 이메일이지만 얼굴 표정 등이 배제된 커뮤니케이션은 잘못 이해되기 십상"이라고 지적한다. 사용하기 쉽고 간편한 만큼, 더욱 세심한 주의를 요하는 커뮤니케이션 도구가 이메일인 것이다. 여기서는 이메일을 작성할 때 유의할 점을 살펴보도록 하자.

첫째, 제목은 명확하게_ 상대가 제목만 보고도 메일의 성격과 내용을 짐작할 수 있어야 한다. 온갖 스팸메일에 시달리는 직장인들에게 메일 정리는 골칫거리다. 그래서 정체가 뚜렷하게 드러나지 않는 메일은 스팸메일 취급을 받을 우려가 크다. 회사 내부에서 주고받는 이메일의 경우에는 '업무 협조 요청', '보고' 같은 머리글을 붙이고, 제목에는 내용의 핵심 키워드를 담도록 하자. 상대가 이메일 작성 목적과 업무의 우선순위 등을 한눈에 파악할 수 있으므로, 결과적으로 업무 효율을 높일 수 있다.

둘째, 인사는 예의 바르게_ 직접 얼굴을 마주하지 않더라도, 이메일은 엄연히 커뮤니케이션의 하나다. 그렇기에 시작은 반드시 정중하고 예의 바른 인사여야 한다. 업무상의 이메일이라고 해서, 거두절미하고 본론부터 시작하면 너무 딱딱한 인상을 줄 수 있다. "안녕하세요? ㅇㅇ기업의 ㅇㅇㅇ입니다. 지난번에 보내주신 메일은 잘 받았습니다"처럼 상대방의 호의에 대한 가벼운 인사로 이메일을 시작하면 본론으로 자연스럽게 넘어갈 수 있고, 받는 사람도 기분 좋게 읽을 수 있을 것이다.

셋째, 용건만 간단히_ 업무를 위한 이메일에서는 핵심을 얼마나 잘 전달하느냐가 관건이다. 상대의 안부를 묻거나 나의 근황을 전하기 위한 메일이 아니므로, 구구절절하게 이야기를 풀어갈 필요 없이 간단한 인사 후에 바로 결론부터 언급하는 것이 좋다.

또한 논리적인 글일수록 이해하기가 쉬우므로, 결론 - 근거 - 관련 자료 순으로 메일을 작성하도록 하자. 이야기를 마무리 지을 때는 "그럼 이만 줄이겠습니다. 문의하실 사항이 있으면 언제든 연락 주십시오. 감사합니다" 정도로만 끝내도 예의에 어긋나지 않는다. 메일의 전체 분량은 A4용지 반 장에서 한 장 정도의 분량이면 읽기에 가장 적당하다.

넷째, 내용이 한눈에 들어올 수 있게_ 읽기 좋은 메일이 이해하기도 편하다. 이것이 메일 작성에 편집 마인드가 필요한 이유다. 상대가 한눈에 핵심을 파악할 수 있도록 디자인적인 요소까지 고려하자. 예를 들어 중요한 문장에는 굵은 글씨체를 쓴다든지, 다른 색상을 사용해서 눈에 띄게 하는 것이다. 혹은 소제목을 달거나 불릿기호(■,●)를 사용하면 전달하고자 하는 항목을 일목요연하게 정리할 수 있다. 한 문장은 30자 이내로 간단히 작성하고, 단락이 끝나면 한

행을 띄는 것도 가독효과를 높이는 방법이다.

다섯째, 회신은 24시간 안에_ 메일을 받았을 때는 24시간 이내에 회신하도록 하자. 그래야 공백 없이 업무를 처리할 수 있다. 특히 의사결정이 빠르게 이루어져야 하는 사안에 대해서 회신이 늦으면 업무에 손실이 생길 수도 있다.

한편 메일을 보낼 때는 되도록 월요일은 피하는 것이 좋다. 대부분의 직장인이 월요일 아침에 주말 동안 쌓인 이메일을 정리하느라 바쁘다. 무수한 메일들 속에서 당신의 메일에 대한 주목도는 떨어질 수밖에 없다. 심지어 읽히지도 못하고 휴지통으로 직행할 수도 있다.

TIP | 이메일 발송 전 최종 점검 사항

- 퇴고 과정을 거쳐라 : 맞춤법에 어긋난 표기, 논리적으로 맞지 않는 문장은 글의 격을 떨어뜨리고, 당신에 대한 신뢰 역시 떨어뜨린다. 사적인 편지에서라면 충분히 이해될 수 있는 실수도 업무의 연장인 비즈니스 이메일에선 허용되지 않는다. 메일을 보내기 전에는 모든 문장을 꼼꼼히 점검하자.
- 파일은 압축해서 보내라 : 용량이 큰 첨부파일은 상대의 메일함 용량을 잡아먹는(?) 주범이다. 파일을 첨부해야 할 때는 반드시 압축해서 보내자. 또한 바이러스 감염 여부도 체크해서 보내야 괜한 원망을 듣지 않는다.
- 서명기능을 활용하라 : 회사명과 부서, 본인 이름, 연락처 등을 미리 저장해 메일을 보낼 때 밑에 기재될 수 있도록 하자. 당신에게 급하게 연락할 일이 있을 때 상대의 편의를 도울 것이다.
- 수신자를 명확히 지정하라 : 업무의 연관 정도에 따라 수신자 지정을 명확히 하면, 상대가 불필요한 메일을 확인하느라 허비하는 시간을 줄일 수 있다. To(직접 수신), Cc(참조), Bcc(비밀참조) 기능을 적절히 사용하라.

따뜻한 메신저로 동료들을 사로잡아라

메신저는 상대방과 즉각적인 대화가 필요한 경우에 매우 유용한 커뮤니케이션 도구다. 이동할 필요 없이 자기의 자리에서 이야기를 진행할 수 있으므로, 서로의 시간을 절약할 수 있다. 또한 직원 개인의 입장에서는 주변 사람의 눈치를 보지 않고 사적인 대화를 나눌 수 있는 고마운(?) 도구이기도 하다. 이런저런 이유로 기업 환경에서 중요한 커뮤니케이션 수단이 됐지만, 아직도 사용 예절에 대해 무감각한 사람들이 많아 문제다.

가장 큰 문제점으로는 약어, 이모티콘 등 격식에 어긋나는 단어의 사용을 들 수 있다. 본인에게는 익숙할지라도 상대에게는 예의에 어긋나는 표현이 될 수 있는 것들이다. 특히 당신보다 나이가 많은 상대에게는 '~하삼'('하세요'의 줄임말), 'ㅇㅇ'('응'의 줄임말) 등의 약어가 반말처럼 느껴질 수도 있으니 사용을 자제하도록 하자. 이모티콘 역시 장난스럽게 느껴질 우려가 크므로 상대를 구분하여 쓰자.

메신저가 빛을 발할 때는 동료에게 위로나 격려를 건넬 때다. 동료가 상사에게 호된 꾸지람을 듣고 자리로 돌아왔을 때, 일이 잘 풀리지 않아 고민하는 모습을 보일 때, 메신저를 통해 가벼운 응원의 메시지를 전해보자. "자네는 잘할 수 있을 거야. 기운내", "우리 저녁에 한잔 마시면서 기분 풀자고" 등의 짧은 메시지는 상대가 부담스럽지 않게 당신의 마음을 전달하면서, 동시에 그의 마음을 사는 비법이다.

MASTERS OF COMMUNICATION
대화 summary

- 직장에서는 사소한 말 한마디도 그 사람을 평가하는 잣대가 된다. 누구와 어떤 대화를 나누더라도 나태하게 굴어서는 안 된다.

- 인사는 큰 노력을 들이지 않고 긍정적인 이미지를 만드는 방법이다. 회사에서 마주치는 모든 사람에게 밝고 환하게 인사하라.

- 상사의 성향을 파악하고, 그에 걸맞은 대화법을 구사하라. 신임을 얻고 마음을 살 수 있다.

- 상사의 의견에 반박하거나 자신의 주장을 펼 때는 '단호하되 공격적이지 않게' 말하는 것이 포인트다.

- 긍정적인 언어는 동지를 만들고, 부정적인 언어는 적을 만든다. 더욱이 매사에 긍정적으로 행동하고 말하는 사람은 회사에서 인정을 받을 가능성도 높아진다.

- 상대 때문에 기분이 상하더라도 반드시 한 박자 쉬고 입을 열어라.

- 칭찬은 당신에게 되돌아온다는 점에서, 효과적인 커뮤니케이션 도구다. 타이밍을 정확히 공략해 칭찬의 효과를 극대화하고, 온몸으로 칭찬해 진심을 전하라.

- 상사의 마음을 사는 것은 아첨이 아니라 칭찬이다.

- 이메일, 메신저, 전화는 제3의 커뮤니케이션이다. 얼굴을 마주하지 않는다고 해서 마음을 놓았다가는 큰 코 다치기 십상이다.

칼럼 | 윌리엄 장의 성공 커뮤니케이션

간절한 염원만이 달인을 만든다

마케팅회사에 다니는 김 이사. 그는 어느 날 회사 대표로부터 갑작스러운 지시를 받았다. "김 이사님! 이번 6월부터 직원들을 대상으로 한 강의를 맡아줘야겠습니다."

그야말로 청천벽력 같은 소리였다. 인정받는 임원이자 잘 나가는 비즈니스맨인 그의 유일한 고민이 바로 대중공포증이었던 것이다. 사람들 앞에 서기만 하면 가슴이 떨리고, 말문이 막히고, 얼굴이 홍당무처럼 달아오르고…. 그렇기에 강의를 하라는 지시는 김 이사가 사회생활을 하면서 맞은 위기 중 최악의 고비라고 해도 과언이 아니었다.

커뮤니케이션 능력의 중요성을 실감한 지는 오래였다. 특히 임원이 되면서 직원들에게 동기를 부여하고, 조직을 관리하기 위해 커뮤니케이션의 필요성을 절감하고 있었다. 하지만 대중공포증은 그가 넘기엔 너무도 거대한 산이었기에, 섣불리 엄두를 내지 못하고 전전긍긍하기만 했다. 하지만 더 이상 걱정만 할 수는 없었다. 회사에서는 이번 미션을 제대로 수행하지 못하면 다른 사람에게 기회를 넘길 것이고, 그것은 곧 자신에게 마이너스였다.

"그래, 남들도 다 하는데 나라고 못할 게 뭐가 있어!"

김 이사는 그날로 나의 연구소를 찾아왔고, 나의 조언과 코칭을 바탕으로 훈련을 진행했다. 3개월이란 교육과정 동안 사람들 앞에서 모의 강의만 몇십 차례를 거듭했다. 입이 떨어지지 않을 때마다 '나는 반드시 대중공포증을 극복하겠다', '나는 기필코 커뮤니케이션의 달인이 될 것이다'라고 스스로를 독려하며 힘을 냈다. 간절한 염원은 그를 이끄는 원동력이자 든든한 버팀목이 되어, 포기하고 싶은 순간마다 그를 응원했다. 그리고 3개월 뒤, 그는 회사 대표를 대신하여 전국에 있는 지사를 돌며 강의를 시작했다. 현재는 회사에서 인정받는 명강사이자 최고의 동기부여가로 활발하게 활동하고 있다.

"제가 맡은 역할을 포기할 것인가, 아니면 새로운 변화에 도전할 것인가. 무능한 사람으로 전락할 것인가, 유능한 사람으로 인정받을 것인가. 절체절명의 위기 속에서 결심했습니다. 위기를 극복하고 진정한 커뮤니케이션의 달인이 되자고요. 이번이 아니면 기회는 없다는 생각으로 전력을 다했습니다. 그것이 제가 성공한 비결입니다."

월트 디즈니Walt Disney는 "꿈꾸는 것이 가능하다면 그 꿈을 실현하는 것도 가능하다"고 말했다. 커뮤니케이션의 달인으로 거듭나는 비결은 간절한 염원을 지니는 것이다.

C

좋은 평가를 이끌어내는
커뮤니케이션 기술

보고

보고의 핵심은 '알림'에 있다. 일의 시작부터 진행 상황, 결과까지 일이 어떻게 흘러가고 있는지를 다른 사람과 공유하는 것이 보고의 목적이다. 특히 실무를 담당하는 비즈니스맨의 임무 중 하나는 현재 상황을 정확히 전달하여, 상사의 의사결정이 효율적으로 이루어지도록 돕는 일이다. 즉 보고가 어떤 식으로 이루어지느냐에 따라 일의 성패가 갈릴 수 있기에, 보고 자체가 직원의 역량을 평가하는 기준이 될 수 있다.

업무는 보고의 연속이다. 사소하게는 출퇴근에 대한 인사부터 중요하게는 프로젝트의 진행 상황까지, 비즈니스맨은 회사에서 이루어지는 모든 사안에 대해 보고할 '의무'를 지니고 있다고 해도 과언이 아니다. 관리자급은 대부분 실무에 직접 뛰어들기보다는 보고를 통해 상황을 파악하고, 의사를 결정해, 지시를 내린다. 즉 아래에서 보고를 어떻게 하느냐에 따라 업무의 성패가 판가름 난다고 할 수 있다. 보고 능력이 비즈니스맨의 역량을 평가하는 중요한 기준이 되는 이유는 그 때문이다.

상사에게 다가가는 순간, 보고는 시작된다

"에잇, 도대체 뭘 어쩌라는 거야?"

이 부장의 방에서 나온 최 주임은 뿔이 잔뜩 났다. 가지고 들어간 기획서는 보고도 못하고, 잔소리만 실컷 듣다가 나왔기 때문이다. 부장은 그의 어두운 표정과 힘없는 걸음걸이를 두고, 의욕이 없어 보인다느니 어디 아픈 사람 같다느니 하며 일장 설교를 늘어놓았다. 그러고는 기운 좀 차리고 오면 그때 보고를 받겠다며, 최 주임을 그냥 내보냈다.

생각할수록 화가 나는 일이었다. '그럼 힘들어 죽겠는데, 실실 웃으란 말이야? 벌써 야근이 며칠째인데…. 부하직원이 지쳐 보이면, 다독이고 기운을 북돋아주지는 못할망정 말이야.'

좀처럼 분을 삭이지 못하는 최 주임. 당신이 보기엔 어떤가? 이 부장이 기획서의 내용보다는 부하직원의 외모만 가지고 트집 잡는 불합리한 사람이라고 생각하는가? 만약 그렇다고 생각한다면, 회사에서 당신의 보고는 높은 점수를 받지 못할 가능성이 높다. 커뮤니케이션의 진정한 의미를 모르고 있기 때문이다.

대부분의 사람들이 커뮤니케이션을 그저 '말을 주고받는 일'이라고 정의하는 경향이 있다. 물론 틀린 생각은 아니다. 하지만 오직 말에만 신경 쓰는 태도는 잘못이다. 커뮤니케이션을 구성하는 요소는 훨씬 다양하기 때문이다. 표정부터 몸짓, 자세, 그리고 커뮤니케이션이 이루어지는 시간과 장소까지, 이야기가 진행되는 상황과 관련된 모든 요소가 커뮤니케이션에 영향을 미친다. 당신도 어떤 사람과 대화를 나눌 때 오직 그의 이야기에만 귀를 기울이지는 않을 것이다. 대화를 나누면서 상대방의 표정과 몸짓을 살피고, 말투나 억양을 통해 상대가 이야기하는 내용의 본뜻을 짐작한 적이 분명 있을 것이다.

최 주임이 질책을 받은 이유가 여기에 있다. 상사는 부하직원이 다가서는 순간부터 그를 주시한다. 표정과 옷차림, 걸음걸이까지 그의 모든 것이 평가의 기준이 된다. 보고의 내용을 떠나, 그 내용을 전달하는 사람에게서 의욕과 패기가 느껴지지 않는다면 좋은 평가를 내리기 힘들다. 기획안이 아무리 훌륭하다한들 그 기획을 추진할 사람에게 열정이 없다면, 일이 제대로 이루어지겠는가?

이 점을 명심하자. 당신이 상대와 마주하는 순간, 예를 들어 약속 장소에 들어가는 순간이라든지 상대와 눈을 마주치는 순간이 바로 커뮤니케이션이 시작되는 타이밍이다. 시작이 제대로 이루어지지 않으면, 커뮤니케이션이 성공할 가능성은 현저히 낮아진다. 아마 최 주임이 예정대로 보고를 진행했다고 하더라도, 부장은 이미 그에게 부정적인 인상을 받았으므로 좋은 점수를 주기 힘들었을 것이다. 당신이 다가가는 순간부터 상사는 이미 보고에 대한 평가를 시작한다는 사실을 잊지 말기 바란다.

몸가짐에 당신이 고스란히 드러난다
 '몸가짐은 마음가짐에서 나온다'는 말이 있듯이, 커뮤니케이터의 복장은 그의 품위와 가치, 마음을 표현하는 중요한 수단이다. 그래서 프로들은 늘 옷차림에도 신중을 기한다. 물론 직장인의 복장은 거의 한정되어 있는 만큼, 변화를 주기가 쉽지 않다. 하지만 중요한 보고가 있는 날이라면 빨간색 넥타이나 파란색 셔츠 등으로 포인트를 주는 것이 좋다. 깔끔하면서 세련된 복장으로 당신의 의지를 표출할 수 있다.
 평상시에도 마찬가지다. 특별히 차려입지는 않더라도 옷매무새를 깔끔하게 가다듬을 필요는 있다. 보고를 하기 전에는 거울을 보고 넥타이가 삐뚤어지지는 않았는지, 옷에 이물질이 묻지 않았는지 점검하라. 머리가 헝클어지지는 않았는지, 이에 고춧가루가 끼지는 않았는지까지 세심하게 살펴봐야 한다. 단정치 못한 용모와 복장은 당신이 허술하고 칠칠치 못한 사람이라는 인상을 줄 수 있다. 그런 사람의 이야기에 신뢰를 가질 수 있겠는가? 용모와 복장을 점검하는 일은 신뢰를 높이기 위한 기초 전략이다.

같은 이유로 걸음걸이 역시 주의해야 한다. 독일 공영방송 WDR 의 간판급 라디오 진행자인 유르겐도미안Jurgen Domian은, 지금까지 약 1만 4천 명의 사람과 인터뷰를 진행하며 '걸음걸이를 보면 그 사람을 짐작할 수 있다'는 사실을 깨달았다고 한다. 예를 들어 보폭이 큰 사람은 자기통제력이 있고 관대한 성품을 가진 반면, 종종걸음을 걷는 사람은 불안정하고 까다로운 성격을 지녔다는 것이다.

그의 주장이 100% 들어맞지는 않겠지만, 실제로 걸음걸이는 그 사람의 성격이나 심리상태를 일부 반영한다. 우리가 힘들거나 우울할 때, 걸음이 느려지는 것을 생각하면 이해하기 쉬울 것이다. 그렇기에 상사에게 다가갈 때 흐느적거린다거나 발을 질질 끈다면, 상사가 '저 친구, 왜 저렇게 기운이 없어. 일이 힘든가?'라는 생각을 하는 것은 당연하다. 게다가 어깨까지 축 늘어져 있다면 백발백중 나약하고, 불안정하다는 인상을 주게 된다. 기운 없는 직원의 보고에서 열의와 가능성을 느낄 리 만무한 일. 잘못된 걸음걸이 하나가 보고 전체를 망칠 수 있는 법이다.

걸음걸이가 활기차야 한다. 그래야 당신의 열정이 전해진다. 당신이 지금 보고하는 내용에 많은 노력을 기울였으며, 그만큼 자신이 있다는 메시지를 걸음걸이에서부터 전달하라.

미소는 확신과 자신감으로 해석된다

상사를 대하는 일을 달가워하는 사람은 많지 않을 것이다. 매순간 상사의 눈치를 살피며 때론 작아지고, 때론 비굴해질 수밖에 없는 것이 대부분 비즈니스맨들의 모습일 터. 보고서를 가져갈 때도 '이번엔 또 어떤 지적을 받을까', '혹시 퇴짜를 당하면 어떡하지'라는 걱정부터 하는 직장인이 대다수일 것이다.

하지만 이러한 생각을 결코 들켜서는 안 된다. 보고에 임하는 커뮤니케이터에게 가장 필요한 자질은 '열정'이다. 설사 당신의 보고서가 다소 미흡하더라도, 상사는 당신의 열정에서 가능성을 기대하고 높은 점수를 매길 것이다. 그러니 당신이 지닌 불안감과 열등감을 떨쳐내고, 그 자리에 열정을 채워 넣어라. 특히 열정은 말보다 표정으로 전달될 때 효과가 더욱 커진다. 미소를 지으려야 지을 수 없는 상황이라도, 상사가 까다롭고 대하기 어려운 사람이라도 웃도록 하자.

세계적인 동기부여가 브라이언 트레이시Brian Tracy가 "훌륭한 인간관계를 만드는 핵심은 바로 웃음"이라고 강조했듯, 웃음은 벽을 무너뜨리고 신뢰를 쌓는 놀라운 힘을 지니고 있다.

웃음이 삶과 비즈니스에 가져오는 효과를 정리한 책인 《웃음의 힘》에서, 독일의 리더십 코치로 유명한 토마스 홀트베른트Thomas Holtbernd는 "웃음과 유머는 대화를 부드럽게 만들고 서로의 유대를 증대시킨다"고 설명했다. 즉 당신이 웃으면서 상사를 대하면, 상사의 태도도 한결 너그럽고 부드러워질 것이다. '웃는 얼굴에 침 못 뱉는다'는 속담도 있지 않는가!

더욱이 미소는 자신감의 표시로 받아들여진다. 마음이 여유롭고, 편안할 때야 웃음도 나오는 법이다. 상사에게 업무 상황이나 경과를 보고하는 사람이 여유롭다는 것이 무슨 뜻이겠는가? 그만큼 보고에 자신이 있다는 의미가 아니겠는가? 상사는 당신의 미소를 확신과 자신감으로 해석한다는 이야기다.

모 기업의 인사담당자는 "자신감이 넘치는 직원들은 자신이 맡은 업무에 대해 자부심이 강할 뿐만 아니라, 지시를 하지 않아도 스스로 해야 할 일들을 찾아서 하기 때문에 성과가 좋을 수밖에 없다"고 말했다. 즉 당신의 미소에서 자신감을 본 상사는 당신의 능력에 대해서도 기대를 품게 될 것이다. 이것이 미소가 지닌 힘이다. 그러니 상사 앞에서는 늘 여유롭고 부드럽게 웃어라.

TIP | 자연스러운 미소를 만들기 위한 훈련

- 평소에 자주 웃는 연습을 하라. 굳어 있던 얼굴 근육이 풀리면, 표정이 한결 자연스러워진다.
- '도레미파솔라시도', '아에이오우' 등은 예쁘고 바른 입 모양을 만드는 주문이다.
- 입과 눈이 함께 웃는 웃음이 자연스럽다. 눈을 뜨고 눈동자를 상하좌우로 둥글게 굴리는 연습을 하라. 부드러운 눈매를 만들 수 있다.

힘 있는 서두가 높은 점수를 받는다

외양이 중요하다고 했지만 커뮤니케이션에서 역시 '말'을 배제할 수는 없다. 어떤 말로 보고를 시작하느냐도 중요하다는 이야기. 보고에 들어가기 전에 어떤 식으로 이야기를 시작할 것인지 구체적인 그림을 그리도록 하라. '시작이 반'이라는 말도 있듯이, 서두는 보고에 대한 평가를 좌우하는 중대한 요소 중 하나다.

특히 보고의 내용에 따라 서두를 달리할 필요가 있다. 가령 진행에 차질이 생겼다거나, 문제가 발생했을 때는 오히려 침착하게 문제점부터 말해야 한다. 물론 안 좋은 소식을 전하는 일에는 두려움이 따르는 법이라 그만큼 이야기를 꺼내기가 쉽지 않을 것이다. 상사가 화를 내지는 않을지, 괜히 질책을 받는 것은 아닐지 걱정도 될 것이다. 하지만 '도움의 기술'을 사용하면 상사의 불호령을 피하면서 조언을 구할 수 있다.

도움의 기술이란 상사의 능력과 경력을 인정하면서, 그에게 문제 해결을 요청하는 기술을 뜻한다. 예를 들면 이런 식이다. "현재 예산 부족으로 프로젝트 진행에 차질이 생겼습니다. 제 능력으로는 어떻게 해결해야 할지 막막합니다. 팀장님께서 도와주신다면 정말 감사하겠습니다. 좋은 방법이 없을까요?"

자신을 믿고 의지하는 직원을 무조건 혼내는 상사는 드물다. 더욱이 문제를 정확히 알릴 뿐만 아니라 도움까지 청하면, 상사는 해결책을 고민하게 된다. 즉 부하직원에게 책임을 추궁하면서 질타를 하기에 앞서, 문제 해결에 집중하게 되는 것이다.

한편 일반적인 보고를 할 때는 육하원칙에 의거해서 내용을 전달하는 것이 좋다. '누가, 언제, 어디서, 무엇을, 어떻게, 왜'는 사람, 시간, 장소, 업무, 원인 등 일과 관련된 모든 사항을 사실대로 정확히 전달할 수 있는 보고양식의 툴Tool이다. 즉 육하원칙에 맞춰 정리하면 빠뜨리는 부분 없이 내용을 간결하게 요약할 수 있다. 상사가 보고 내용을 파악하기도 쉬워진다.

또 한 가지 유의할 점은 보고를 할 때는 되도록 결론부터 말하는 방법이 좋다는 사실이다. 상사가 궁금해 하는 것은 일이 어떤 식으로 흘러왔는지의 시시콜콜한 과정이 아니다. 일이 어떻게 마무리 됐는지, 현 상태가 어떤지, 결론을 알고 싶어 하는 것이다. 그가 가장 궁금해 하는 바로 그 점을 콕 짚어서 이야기하라. 어차피 보고서에 해당 내용이 모두 적혀 있기 때문에 이를 설명할 때는 서론 후에 바로 결론으로 들어가는 방식, 즉 '기결승전起結承轉 화법'이 효과적이다.

TIP | 기결승전 화법의 활용 예

- 기(화제 제시) : 팀장님. 신규 사업 프로젝트의 진행 상황에 대한 보고를 드리겠습니다.
- 결(결론 설명) : 현재 프로젝트는 목표 중 90%를 달성한 상태입니다. 사업 시작은 당초 계획보다 일주일 정도 늦어질 것으로 예상합니다.
- 승(결론에 대한 부연 설명) : 일정이 지연된 이유는 기획팀과 마케팅팀의 커뮤니케이션에 혼선이 빚어졌기 때문입니다. 최종 기획안이 마케팅팀에 넘어가지 않았는데도 기획팀은 전달했다고 생각했고, 마케팅팀은 며칠 늦어지는 것이라고 생각해서 확인을 하지 않았답니다.
- 전(향후의 대책 언급) : 앞으로 서류 전달이나 정보 공유 부분에도 책임자를 두어, 각 팀 간에 업무가 긴밀하게 이루어질 수 있도록 조치하겠습니다.

상사를 대접하라

무역회사에 다니는 김 대리는 잘나가는 직장인이다. 입사 동기 중 승진도 가장 빨랐고, 업무 고과도 늘 최상으로 받는다. 특히 상사들의 절대적인 신임을 얻고 있다. 비결이 무엇일까? 사실 김 대리의 능력이 동기들에 비해 아주 두드러지게 출중한 것도 아니다. 업무 능력이나 외국어 실력에서 보자면, 동기들과 대동소이한 수준. 그런데도 유독 그가 앞서 나가는 이유는 다름아닌 '상사 매니지먼트 Boss Management'에 있다.

김 대리는 늘 상사의 마음을 헤아리고, 헌신적인 태도를 보였다. 그래서 간혹 동기들에게서 '아첨꾼', '아부쟁이'라는 비아냥을 듣기도 했다. 물론 동기들 입장에서 상사의 수족처럼 나서서 일을 처리하는 그가 곱게만 보일 리 없다. 하지만 동기들이 간과하고 있는 사실이 한 가지 있다. 상사를 대접하는 것은 얄팍한 '처세'가 아니라 당연한 '의무'라는 사실이다.

조직생활에는 위계질서라는 것이 있다. 특히 유교 전통이 강한 우리나라의 경우에는 나이나 직급에 따른 위계질서가 다른 어떤 나라보다 강하다. 아무리 능력과 실적 위주의 시대라 하더라도 여전히 '상사는 상사'라는 사실을 잊어서는 안 된다. 당신이 상사보다 더 높은 성과를 올리고, 더 뛰어난 능력을 갖고 있다고 하더라도 상사는 상사고, 부하는 부하다. 인정하고 싶지 않은 사실이겠지만, 엄연한 현실이다. 깊게 뿌리 내린 위계질서를 거역하는 일은 곧 조직 분위기를 와해시키는 일이 되기에, 불합리하다고 생각되더라도 따를 수밖에 없는 것이다.

김 대리는 이러한 조직의 메커니즘을 꿰고 있었기에, 인정을 받을 수 있었다. 직장인에게는 아직도 상사에 대한 예의가 우선적으로 요구된다. 상사를 대할 때 진심으로 섬기는 자세를 취하는 직원은 좋은 평가를 받을 수밖에 없다. 특히 보고는 상사와의 일대일 커뮤니케이션이다. 상사에게 미운털이 박혔다면, 아무리 훌륭한 보고라도 흠이 잡힐 가능성이 높다. 즉 상사를 섬기고 대접하는 것은 좋은 평가를 받기 위한 전략이라고 할 수 있다.

상사를 고객으로 모셔라

경영 컨설팅업체 '더 퍼포먼스'의 류랑도 대표는 자신의 저서 《하이퍼포머》에서 "직장인의 제1고객은 상사"라고 강조했다. 상사가 원하는 것, 상사의 니즈 needs를 채워주는 일이 비즈니스맨의 첫 번째 과제라는 것이다.

비즈니스맨이라면 누구나 새겨들을 만한 지침이다. 고객을 대할 때 사적인 감정이나 기분을 앞세우는 사람은 없을 것이다. 세일즈맨들은 우울하든, 짜증이 나든 고객 앞에서는 웃음을 잃지 않는다. 제품 혹은 서비스의 판매라는 목적을 달성하기 위해 자신의 감정이나 기분은 철저히 조절하는 것이다. 그렇기에 상사를 고객으로 생각하면 모든 일이 명쾌해진다. 설사 상사에 대해 불만이 있다고 하더라도 그에게 보고를 하는 순간만은, 상사에 대한 선입견이나 본인의 감정은 잠시 접어두는 편이 현명하다.

당신의 목표는 보고를 통해 좋은 평가를 이끌어내는 것이다. 다른 감정과 생각은 배제하고 목표에 집중하라. 마음가짐은 은연중에 드러나기 마련이다. 상사에 대한 불만과 불평을 지닌 채 보고를 진행한다면, 그러한 마음이 표정이나 태도를 통해 상사에게 전달된다.

상사를 고객으로 모시고 섬기는 일은 그리 어렵지 않다. 사소한 배려에서 상사는 직원의 진심을 느끼게 된다. 예를 들어 보고를 할 때, "잠시 드릴 말씀이 있습니다. 지금 시간이 괜찮으신지요?"라고 묻는 것만으로도 상사는 대접받고 있다고 느낀다. 상사가 무엇을 하고 있는지, 보고를 받을 수 있는 상황인지는 전혀 고려하지 않고 무조건 찾아와 보고서를 드미는 것과는 분명 큰 차이가 있다.

특히 인사성은 예의에 대한 척도라는 사실을 명심하라. 깍듯하고 정중한 인사는 존경의 표시로 받아들여진다. 상사에게 보고를 할 때는 먼저 몸을 30~45도 정도로 숙여 인사하고, 미소 띤 얼굴로 눈을 맞춘 후에 시작하라. 상사의 기분이 좋은 상태에서 보고가 시작되면, 마무리가 유쾌하게 맺어질 확률이 높아진다.

묻기 전에 보고하라

LG전자 부서장들이 뽑은 '좋은 보고의 기술'이 발표된 적이 있다. 그중 특히 눈에 띄는 지침은 '타이밍'에 관한 부분이다. 부서장들은 '진행시간이 긴 업무는 중간 중간에 보고할 것', '긴급상황이 발생했을 때는 휴대전화 문자메시지로라도 보고할 것'을 조언했다.

그런데 이는 대부분의 직장인들이 간과하고 있는 부분이다. 일을 완벽하게 마무리 지은 후에 보고하려고 한다거나, 문제를 스스로 수습해보려고 하는 등등의 이유로, 일의 중간에 보고하는 일을 꺼리는 직장인이 많다. 팀장 또는 부서장을 업무에서 배제시키게 된다는 점에서 문제라 할 수 있다. 실무에 직접 뛰어들지 않더라도, 그들은 일 전체를 조망하고 관리한다는 면에서 중대한 역할을 맡고 있다. 그런데 부하직원이 상황을 제대로 보고하지 않으면, 업무를 총괄하는 일이 어려워지는 법이다.

상사가 궁금해 하기 전에, 상사가 묻기 전에 먼저 보고하는 것은 상사에 대한 예의이자 일의 효율성을 높이는 일이기도 하다. 특히 문제가 발생했을 때, 혼자서 해결해보려고 상부에 보고를 하지 않으면 호미로 막을 것을 가래로도 못 막게 될 수가 있다. 신속한 보고가 문제의 확대를 막는다. 그러니 상사가 당신에게 먼저 보고를 요청하기 전에, 수시로 상황을 보고하라.

물론 당신이 미처 보고를 하기도 전에 상사가 질문을 던질 수 있다. 이때는 최대한 구체적이고 상세한 답을 내놓아야 한다. "○○○ 씨, 내가 지난번에 지시한 일 어떻게 됐나?"라는 질문에 "네, 거의 다 되갑니다"처럼 두루뭉술한 답변은 바람직하지 않다. 듣는 사람에게 아무런 정보도 주지 않고 있기 때문이다. 결국 상사는 또다시 질문을 던지게 된다. "지금 기획서 완성 단계고, 다음 주에 마케팅 팀과 1차 미팅을 가질 예정입니다"라는 식으로 진행 상황을 정확하고 간결하게 전달해야 좋은 평가를 받을 수 있다.

TIP | 보고가 필요한 상황

- 진행하고 있는 업무가 완료됐을 때.
- 업무가 애초 계획과 달라졌거나 변경이 필요할 때.
- 추진하고 있는 업무에 대한 새로운 정보나 의견이 들어왔을 때.
- 장기 프로젝트에 대한 보고는 일정 간격을 두고 수시로.
- 신상에 문제가 생겼을 때. 개인적인 문제라 하더라도 지각, 결근, 휴가는 일에 영향을 미칠 수 있는 요소이므로 보고가 필요.

상향리더십 기법을 활용하라

상사를 대접하라고 해서, 무조건 그의 눈치를 살피고 비위를 맞추라는 이야기는 아니다. 때로는 관계를 주도적으로 이끌 필요도 있다. 당신의 기획안을 통과시키기 위해, 상사로부터 좋은 평가를 이끌어내기 위해서는 치밀한 전략이 필요하다. 한 가지 방법으로 들 수 있는 것이 '상향리더십 기법 Influence Tactics'이다.

LG경제연구원의 황인경 연구원은 "직장인으로서 성공하기 위해서는 무엇보다 자신의 상사로부터 업무에 필요한 자원이나 지원을 효과적으로 얻어낼 수 있는 능력을 갖출 필요가 있다"며 이를 위한 방법으로 상향리더십 기법을 제안한다. 즉 상향리더십 기법이란 상사를 대접하면서도 그로부터 원하는 것을 이끌어내는 방법이라 할 수 있다. 황 연구원은 대표적인 방법을 여섯 가지로 정리하는데, 그 중 몇 가지를 살펴보자면 다음과 같다.

첫째, 칭찬하라_ 사람들은 자신에게 호의적인 사람을 도와주려는 성향이 있다. 크고 작은 칭찬은 상사의 호감을 사고, 마음을 여는 지름길이다. 일단 상사가 마음을 열면 당신에 대한 평가가 긍정적으로 내려질 확률이 커진다.

둘째, 상사가 필요로 하는 도움을 주라_ 사람은 누구나 도움을 받으면 이를 갚아야 한다고 생각한다. 평소에 상사가 필요로 하는 부분을 파악하고 적절한 도움을 줄 경우, 후에 도움을 얻기가 쉬워진다.

셋째, 요청을 반복하라_ 심리학 분야의 대가인 로버트 치알디니 Robert B. Cialdini는 "특정 사안에 대해 여러 번 요청하는 행동은 상대의 마음에 부담을 주어 작은 것이라도 들어줘야겠다는 생각을 하게 만든다"고 설명했다. 상사에게 요구할 사항이 있을 경우, 계속 반복해서 요청할 필요가 있는 것이다.

보고를 잘하기 위해서는 보고를 하는 당시에만 최선을 다하는 정도로는 부족하다. 평소에 상사와의 관계를 우호적으로 유지하고, 그에게 호감을 사둘 필요도 있다. 비즈니스는 온전히 일로만 이루어지지 않기 때문이다. 비즈니스 역시 사람이 하는 일이기에 사적인 감정이 개입될 수밖에 없다. 이것이 비즈니스맨에게 상사 매니지먼트와 상향리더십 기법이 필요한 이유다.

한 번에 이해할 수 있는 보고가 최고다

식품회사 영업팀에서 근무하고 있는 홍 대리는 얼마 전 '영업 촉진 전략'에 대한 기획안 작성을 지시받았다. 회사의 사활이 걸린 기획이기도 했지만 본인의 능력을 인정받을 수 있는 기회이기에, 그는 야근과 특근을 불사하며 업무에 매달렸다. 고생한 보람이 있는지 결과는 만족스러웠다. '이 정도면 팀장님도 흡족하시겠지.' 가벼운 발걸음으로 팀장을 찾아가 보고를 마친 홍 대리. 그런데 웬일인가? 반응은 썰렁하기 그지없었다. "자네 지금 그걸 보고라고 한 건가?"

보고서 내용에는 문제가 없었다. 하지만 이를 전달하는 방식이 문제였다. 홍 대리는 자신이 기획한 모든 내용을 하나도 빠짐없이 보고하였다. 중요한 기획인 만큼 상사가 모두 알아야 한다는 생각에서였다. 하지만 너무 많은 내용을 한 번에 전달하다 보니 이야기의 핵심이 흐려졌다. 더욱이 보고시간도 길어져서 팀장의 집중력은 더더욱 떨어졌다. 결국 팀장이 알아듣기 힘든 보고가 되어버렸다.

우리는 흔히 "보고서를 만드느라 할 일을 못한다", "보고만 하다가 시간이 다 갔다"라는 말을 심심찮게 한다. 상사에게 전달하는 문서이다 보니 심혈을 기울일 수밖에 없다. 자신에 대한 평가가 내려지는 자리이기에 최대한 많은 이야기를 자세히 말하려고 애쓸 수밖에 없는 것도 사실이다.

하지만 보고서의 양이 많고, 보고의 시간이 길어질수록 보고가 실패할 가능성은 높아진다. 상사가 핵심을 파악하기 힘들어지기 때문이다. 상사가 궁금해 하는 것은 일의 시작부터 끝까지 있었던 모든 일이 아니다. 일의 목표는 얼마나 달성했는지, 예상되는 결과는 무엇인지, 즉 업무의 '엑기스'만이 그들의 진정한 관심사이다.

《요약의 기술》의 저자인 와다 히데키는 "전달할 내용에 대한 핵심을 논리적으로 잘 정리하여 전달하는 요약 커뮤니케이션이야말로 21세기를 위한 고급 커뮤니케이션 스킬"이라고 강조했다. 보고에서 이 말은 그대로 적용된다. 짧은 시간 안에 간략하게 핵심을 전달하는 보고가 환영받는다는 사실을 명심하라.

보고서가 일의 효율성을 좌우한다

중간 중간 업무를 보고할 때는 구두口頭만으로도 충분하지만, 중요한 프로젝트에 대한 보고라든지, 업무의 결과를 보고할 때는 보고서를 작성하는 편이 효과적이다. 말로 전달할 수 없는 부분을 보고서가 대신할 수 있기 때문이다. 예를 들어 수치나 통계는 말보다 그래프나 표로 보여줬을 때, 한눈에 들어오고 이해하기도 편하다. 그렇기에 잘 작성된 보고서는 보고의 효과를 높이는 일등공신이라 할 수 있다. 다음은 성공적인 보고서 작성 노하우다.

첫째, 보고 대상을 파악하라_ 사람에 따라 성격과 외모가 다르듯, 선호하는 문서양식이나 글의 스타일이 다르기 마련이다. 당신의 보고를 받을 상사의 성향을 파악하고, 그에 맞춰 보고서를 작성하라. 비주얼을 중시하는 상사라면 글을 최대한 줄이고, 도표나 그래프를 많이 삽입하는 방식이 좋다.

둘째, 제목으로 승부하라_ 직장인 글쓰기 강좌를 운영하고 있는 채병광 목원대 겸임교수는 한 언론과의 인터뷰에서 "시선을 끌 수 있는 제목은 문서의 가치를 높인다"고 강조했다. 상사는 제목을 읽고 보고서에 대해 1차 판단을 내린다는 설명이다. 보고 내용을 함축하고 있으면서도 신선한 제목으로 관심을 끄는 일은, 상사가 보고서를 보다 적극적이고 진지하게 바라보도록 만드는 일이기도 하다.

셋째, 목차를 제시하라_ 다산 정약용은 "목차는 생각의 지도"라고 표현했다. 생각을 체계적으로 정리하는 뼈대라는 것이다. 논술 전문가들이 논술 대비법으로 '교과서 목차 읽기'를 권하는 이유도 같은 생각에서다. 목차에는 책의 핵심이 일목요연하게 정리되어 있기에, 이를 꼼꼼히 읽으며 생각을 정리하는 것만으로도 책 한 권을 완독했을 때와 같은 효과를 얻을 수 있다. 보고서에 목차를 따로 만들어 첨부해야 할 이유도 여기에 있다. 목차는 상사가 보고의 핵심을 쉽게 파악할 수 있도록 돕는다.

보고서가 목차를 만들 만큼의 분량이 아니라면, 1장짜리 요약본으로 대신해도 좋다. 실제로 L벤처기업에서는 모든 서류에 반드시 1장짜리 요약본을 붙이도록 하고 있다. 핵심만 전달해서 쓸데없는 시간 낭비를 줄이자는 전략이었는데, 덕분에 생산성이나 업무 능률이 눈에 띄게 향상했다고 한다.

넷째, 결론부터 적어라_ 상사에게는 보고서 전체를 꼼꼼히 훑을 시간과 여유가 부족하다. 처리해야 할 업무가 쌓여 있고, 결재할 서류도 산더미인 상황이 간부급 비즈니스맨들이 처한 현실이다. 서두에 결론을 제시하는 것은 상사에 대한 배려라고 할 수 있다. 더욱이 핵심 - 세부 내용 - 보충 자료 순으로 보고서가 작성되면, 내용을 이해하기도 한결 쉬워진다.

다섯째, 비주얼을 적극 활용하라_ 인간은 미각, 후각, 촉각, 청각, 시각이라는 5개의 '정보 흡수 센서'를 갖고 있다. 심리학자들에 의하면 이 중에서 정보를 가장 많이 흡수하는 센서가 시각이라고 한다. 정보를 받아들이는 데 미각은 2%, 후각은 3%, 촉각은 1.5%, 청각은 20%, 그리고 시각은 60%의 역할을 한다는 것이다.

그러므로 시각을 자극하면, 그만큼 핵심 전달이 용이해진다. 상대가 보다 빨리, 보다 쉽게 정보를 받아들이고 이해하기 때문이다. 글로 설명하기 힘든 수치나 자료는 그래프나 표 등, 시각 자료로 정리하라. 예를 들어 제품의 판매 추이를 그래프로 그리면, 판매 현황과 추이를 한눈에 파악할 수 있다.

3분 안에 간단명료하게 보고하라

시테크, 일명 시간관리가 직장인에게 필수덕목으로 떠오르고 있다. 누구에게나 똑같이 주어지는 24시간이라는 시간을 얼마나 효율적으로 활용하는가에 따라 일과 삶의 성패가 갈린다는 생각에서다. 시간에 쫓기며 살아가는 현대인에게는 시간이 곧 재산이다. 그리고 이것은 보고시간을 단축해야 하는 이유이기도 하다.

보고가 길어질수록 당신의 시간뿐 아니라 상사의 시간도 낭비하게 된다. 해야 할 일은 많고 시간은 없는데, 끝날 줄 모르는 당신의 보고를 처음부터 끝까지 인내심을 가지고 귀담아들을 상사는 적다. 결국 중간에 당신의 보고를 가로막거나, 보고를 한 귀로 듣고 한 귀로 흘리는 불상사가 발생할지도 모른다.

그러니 보고를 하기 전에는, 3분 안에 끝낸다는 생각으로 내용을 준비하라. 사족은 거둬내고 핵심만 남길 수 있을 것이다. 그런데 왜 하필 3분인가? 이에 대한 답은 일본의 변호사 겸 작가인 다카이 노부오의 말로 대신하겠다. 그는 자신의 저서 《3분력》에서 3분의 힘을 이렇게 표현한다.

"3분이란 현대사회에서 관계를 맺고, 상대에게 자신을 인식시킬 수 있는 최상의 코드이다. 즉 '3분'이란 제한된 시간은 성공 커뮤니케이션을 위한 최소의 단위이자, 최대의 단위인 것이다."

모든 보고를 반드시 3분 안에 끝내야 한다는 말은 아니다. 중요한 것은 보고를 짧고 간략하게 끝내는 일이다. 간단명료한 보고는 논리적이라는 인상을 심어줄 수 있다.

보고시간을 단축할 수 있는 방법으로 권하고 싶은 것 중 하나가

'NABC(Needs – Approach – Benefit – Competition) 기법'이다. 미국의 스탠포드 연구소에서 '짧은 시간에 요점을 정확히 전달하는 커뮤니케이션 방식'으로 활용하고 있는 방법인데, 원래는 신규 서비스나 상품을 개발할 때 사용되는 툴이다.

모든 보고에서 통용할 수 있는 기법은 아니지만, 어떤 식으로 접근해야 짧은 시간 안에 핵심을 전달할 수 있는지를 아는 데는 도움이 될 만한 방법이니 참고하도록 하자. 다국적 컨설팅 전문회사인 맥킨지McKinsey에서도 컨설턴트 양성 수단으로 이 방법을 사용하고 있을 만큼 효과가 확실하다.

TIP | NABC 기법 활용의 예

- Needs(고객이나 시장의 니즈 분석) : LCD TV가 대중화되면서, 가격이 점점 하락하고 있습니다. 이제 소비자는 품질이 좋으면서 가격은 저렴한 제품을 찾고 있습니다.
- Approach(분석 결과를 토대로 한 해결책) : 현재의 품질을 유지하면서 판매가격을 낮추기엔 우리 회사가 감수해야 하는 손해가 큽니다. 하지만 고가에 수입되고 있는 부품을 국내 제품으로 바꾸면, 리스크를 줄일 수 있습니다. 조사 결과, 수입품과 같은 품질의 제품을 생산하는 국내업체를 찾았습니다.
- Benefit(해결책이 안겨주는 이익 또는 기대효과) : 이에 따른 이익으로는 원가를 30% 정도 절감할 수 있다는 것입니다. 품질의 저하 없이 판매가를 낮출 수 있으므로 우리 제품의 경쟁력을 높일 것이라 기대합니다.
- Competition(경쟁업체들과의 비교) : A사나 B사는 시장의 요구와는 별개로, 고급화 전략에 힘쓰며 가격을 더욱 올리고 있는 추세입니다. 이번 프로젝트는 경쟁사와 확실히 차별화된다는 점에서 승산이 있다고 판단합니다.

보고는 단문으로 승부하라

흔히 사람들은 화려한 수식어를 사용하거나 멋들어진 비유를 들어서 말을 하면, '말을 잘한다'고 생각하곤 한다. 물론 청중에게 감동을 주는 것을 목표로 하는 강연이나 연설에서는 이런 방식이 효과가 좋다. 하지만 보고의 목표는 업무 상황을 전달하는 데 있다. 미사여구는 의사 전달에 방해가 될 뿐이라는 이야기다.

보고를 할 때는 최대한 핵심만 짧게 말하라. 그리고 되도록 단문短文을 사용해야 한다. 문장이 길어지면 주어와 술어 관계가 모호해져 전달하고자 하는 의미가 불분명해질 수 있기 때문이다. 또한 말의 호흡이 길면 하는 사람도 지치고, 듣는 사람도 요점을 파악하기가 힘들어진다.

핵심으로 무장한 간단명료한 말의 힘은 곳곳에서 확인할 수 있다. 국제사회봉사단체 '라이온스클럽'은 "우리는 봉사한다"를 사명으로 내걸고 있다. 한 문장 안에 핵심이 절묘하게 녹아 있어, 별다른 부연 설명 없이도 그들의 비전이나 추구하는 가치를 파악할 수 있다. 봉사에 대한 구구절절한 설명보다 각인되는 힘이 크다. 또한 빌 클린턴 전 미국 대통령은 1992년 대선 당시, "문제는 경제야, 바보들아!It's the economy, stupid!"라는 슬로건을 사용했다. 당시의 시대 상황과 클린턴이 추구할 정책을 함축한 이 말은 국민의 열렬한 호응을 얻었고, 결국 그에게 승리를 안겨주었다.

두 가지 이야기는 보고와는 조금 다른 경우들이지만, 짧고 임팩트 있는 말이 지닌 효과를 보여준다는 점에서 참고할 만하다. 단문으로 말하려면 핵심만 담을 수밖에 없고, 그래서 말에 힘이 생긴다.

그렇다면 핵심을 뽑아 전달하기 위해서는 어떤 노력이 필요할까? 내가 권하고 싶은 방법은 메모와 독서다.

첫째, 메모는 생각 정리의 도구다_ 링컨 전 미국 대통령은 모자 속에 항상 종이와 연필을 넣고 다니면서, 불현듯 떠오르는 좋은 생각이나 다른 사람에게서 들은 유익한 말을 즉시 기록했다고 한다. 이렇게 메모한 내용은 적시적지에 활용되었고, 그래서 그의 지인들은 링컨의 모자를 '이동하는 사무실'이라고 부르기도 했다. 정규 학교에 다녀본 적이 없는 링컨이 역사상 가장 훌륭한 정치가 중 한 명이 되기까지, 메모 습관이 결정적 역할을 했다고 해도 과언이 아니다.

'총명불여둔필 聰明不如鈍筆'이란 말이 있다. 아무리 똑똑하고 기억력이 좋다 하더라도 기록하는 사람에게는 당할 수 없다는 뜻이다. 기록은 기억 저장의 의미에서도 필요하지만, 생각을 정리하는 데도 도움이 된다. 머릿속에 떠도는 생각을 글로 적다 보면, 일목요연하게 정리가 되고 핵심을 파악하는 일이 쉬워진다.

둘째, 독서는 글을 분석하는 힘을 키운다_ 안철수연구소의 설립자인 안철수 씨는 커뮤니케이션의 달인이다. 그의 말은 현란하지는 않지만, 핵심과 논리로 무장되어 있어 상대를 설득하는 힘이 있다. 그가 힘 있는 커뮤니케이션의 대가가 된 비결은 독서다. 많은 책을 접하면서 글을 분석하고 핵심을 찾아내는 능력을 키웠다고 한다.

《당신도 베스트셀러 작가가 될 수 있다》의 저자인 앨리슨 베이버스톡 Alison Baverstock은 "내가 지금까지 만난 훌륭한 작가치고, 책을 많이 읽지 않은 사람은 아무도 없었다. 장르를 불문하고 책을 통해 얻은 폭넓은 지식은 적절한 단어를 찾고, 좋은 구절을 만들어내는 기본이 된다"고 강조했다. 그의 말처럼, 많은 책을 읽다 보면 글을 보는 안목과 쓰는 능력이 생긴다. 독서는 핵심 전달 능력을 기르는 최적의 방법이다.

상사의 피드백에 적극적으로 반응하라

《회사에서 찍히기 딱 좋은 15가지 유형》이란 책은 제목 그대로 '회사에서 눈총을 받는 직장인의 유형'을 정리하고 있는데, 그중 한 가지가 '함구무언緘口無言형'이다. 가타부타 말이 없어 속을 알 수 없는 사람은 상사나 동료를 답답하게 만든다는 주장이다. 더욱이 커뮤니케이션이 제대로 이루어지지 않아 업무에도 피해를 끼친다고 한다. 비즈니스의 대부분이 다른 사람과의 협업으로 이루어진다는 점을 감안할 때, 의사소통이 제대로 이루어지지 않는 사람은 감점을 받을 수밖에 없다.

유통업체에서 마케팅팀을 총괄하고 있는 안 팀장은, 기획팀에 있다가 얼마 전 소속을 옮긴 구 대리 때문에 요즘 속이 터져 죽을 노릇이다. 도무지 속내를 알 수 없어서다. 구 대리는 업무 지시를 받든 잘못된 부분을 지적당하든, 그저 묵묵히 고개만 숙이고 있다. 일언반구가 없으니 말을 제대로 알아들은 건지 시정은 하겠다는 건지, 묵묵부답인 구 대리 때문에 안 팀장은 속을 태우고 있다.

"제발 뭔가 반응을 보이라"고 다그치면, 그제야 짧게 "네, 알겠습니다"라고 대답하고는 또다시 입을 다문다. 결국 안 팀장은 고과 평가 시 구 대리에게 최하점을 주고 말았다. 업무에 대한 의욕이 보이지 않을뿐더러 커뮤니케이션에도 문제가 있다는 이유에서다.

상사는 '반응하는 직원'을 원한다. 자신의 의견을 적극 수렴해 행동으로 옮기는 직원을 바라기 마련이다. 그리고 대답은 의지의 표현이다. 상사가 무언가를 지적했을 때, 구체적인 대안을 내놓거나 혹은 다른 의견을 제시하며 반박하는 태도는 '업무를 훌륭하게 마치겠다'는 의지의 표출로 받아들여진다.

만약 당신의 상사가 예민하고 까다로운 사람이라면, 당신의 무반응을 자신에 대한 불만이나 거부로 해석할 수도 있다. '왜 아무런 대답이 없지? 내 말이 우스운 건가?'라고 충분히 오해할 수 있다. 당신은 그저 적당한 답을 찾지 못해 머뭇거리는 것이라 해도 상사의 입장에서는 다르게 받아들일 수 있는 문제다. 그러니 상사의 피드백에는 적극적으로 반응하도록 하자. 상사의 기분을 좋게 하면서 당신의 의지를 어필할 수 있는 방법이다.

잘못을 인정하고 해결책을 제시하라

영국의 정치가이자 소설가였던 벤자민 디즈레일리 Benjamin Disraeli 는 "이 세상에서 가장 어려운 것 중의 하나는 잘못했을 때 바로 인정하는 일이다. 그런데 나쁜 상황에 처했을 때 잘못을 그대로 인정하는 것보다 더 도움이 되는 일은 없다"고 강조했다.

보고 커뮤니케이션에서도 그대로 적용되는 이야기다. 만약 당신의 보고 내용 중 잘못된 점을 지적당했을 때는 변명하거나 반박하려 하지 말고, 그대로 수긍하라. 어설픈 자기 보호는 괜히 상사의 화만 돋우는 역효과를 낳을 수 있다. 상사는 잘못을 감추려드는 당신을 더 이상 신뢰하지 않을지도 모른다. 한 번 깨진 신뢰관계를 돌이키기란 거의 불가능하므로 큰일이다. 영국의 대문호 셰익스피어가 "실수에 대해 변명하면 그 실수를 한층 더 돋보이게 할 뿐이다"라고 말했듯, 실수를 만회하는 비결은 변명이 아니라 인정이다.

《회사가 당신에게 알려주지 않는 50가지 비밀》에서 미국의 기업 컨설턴트 신시아 샤피로Cynthia Shapiro는 "자신의 잘못을 변명하려 하지 마라"고 조언했다. 그에 따르면 관리자는 누가 옳고 그른가에 별로 관심을 두지 않는다고 한다. 그 상황에 적절하게 대처했는가 대처하지 못했는가만을 눈여겨본다는 것이다.

그렇기에 잘못을 인정할 때는 반드시 해결책을 함께 제시해야 한다. 상사가 문제를 지적하는 이유는 당신을 혼내기 위해서가 아니다. 어디까지나 업무의 오류를 개선해서 일을 성공시키는 데 목적이 있다. 그러므로 "정말 죄송합니다. 앞으로는 이런 일이 없도록 하겠습니다"라는 답변은 한 번으로 족하다. 면구스럽다고 고개만 떨구고 있다면 프로 비즈니스맨이 될 수 없다. 언제까지 어떤 식으로 문제를 수습할 계획인지 구체적인 해결책을 내놓아야 한다.

비록 실수나 잘못을 인정하는 일이 부족한 능력을 시인하는 것이 될지라도, 상사는 당신의 정직함에 신뢰를 가지게 될 것이다. 또한 잘못을 만회하고자 더욱 열심히 노력하는 모습을 보인다면, 그러한 태도에서 높은 점수를 얻을 수 있을 것이다.

반박하기 전에 일단 긍정하라 : YB 화법

직장생활을 하다 보면 받아들일 수 없는 상황과 맞닥뜨릴 때가 많다. 특히 상사가 비효율적으로 일을 진행할 때는 난감하기 그지없다. 문제 제기를 하자니 상사의 심기를 거스를까 걱정스럽고, 묵묵히 따르자니 시간과 비용의 낭비가 너무 크기에 염려스럽다.

실제로 취업 전문업체 '스카우트'가 발표한 설문조사 결과에 따르면, 직장생활에서 받는 스트레스의 최대 원인이 '상사의 불합리한 업무 지시'로 꼽혔다. 이에 민병도 스카우트 사장은 "상사가 불합리한 업무 지시를 내리더라도 긍정적으로 받아들이려 노력하거나, 다른 형태로 넘길 수 있는 재치를 발휘할 필요가 있다"며 "이러한 개인의 커뮤니케이션 능력은 경력관리나 직장생활에 큰 도움이 될 것"이라고 설명했다.

그렇다면 상사의 피드백이 잘못됐을 경우에는 어떻게 해야 할까? 지시한 업무가 현실적으로 불가능하다거나 당신의 보고에 대해 비합리적인 평가를 내렸을 때는?

이때 필요한 기술이 'YB(Yes, But…) 화법'이다. YB 화법이란 상대의 의견에 일단 수긍한 후에, 반전反轉의 형태로 자신의 의견을 내놓는 커뮤니케이션 기술을 뜻한다. 상대를 안심(?)시킨 후에 반론을 펴게 되므로, 의견이 받아들여질 가능성이 높아진다.

상사의 지시에 바로 "그건 아닌 것 같습니다", "제 생각은 다른데요" 등의 답으로 맞서면 무례하게 보일 수 있다. 당신의 주장이 아무리 논리적이고 합리적이라도 기분이 상한 상사는 귀담아들으려 하지 않을 것이다. 사실 상사에게 'No'라는 답을 내놓기란 웬만큼 간이 큰 사람이 아니고서야, 쉽지 않은 일이다. 그렇다고 매번 'Yes'만 반복하다가는 본인이 받는 스트레스가 커지고, 결국 업무 능률도 현저히 떨어질 수 있다. 따라서 우선 "네, 잘 알겠습니다"라는 말로 상사의 의견을 수긍한 뒤, "그런데 한 가지 우려되는 부분이 있습니다"라는 식으로 반대 의견을 제시하는 것이 바람직하다.

또한 반박할 때는 탄탄한 이론과 논리로 무장해야 한다. 충분한 자료를 근거로 들며, 상사가 문제를 제기할 여지를 남겨서는 안 된다. 대부분의 관리자급은 자신의 경험을 강하게 신뢰하고 있기 때문에, 웬만한 논리와 경험적 데이터가 제시되지 않고서는 자신의 입장을 굽히려 하지 않는다.

만약 즉석에서 주장의 근거가 떠오르지 않는다면, 일단은 물러나는 편이 낫다. 그리고 자료를 철저하게 준비해서 다시 상사를 찾는 것이다. 당시에는 아무런 말이 없다가 뒤늦게 문제를 제기하는 당신을 괘씸하게 여기는 상사가 있을 수도 있겠지만, 대부분의 상사는 일에 대한 당신의 열의를 높이 살 것이다.

예상되는 질문에 대비하면 보고가 탄탄해진다

온라인 취업사이트 '사람인'이 설문조사한 결과에 따르면, 대부분의 직장인이 상사의 질문에 건성으로 답한다고 한다. "직장과 관련해 대충 처리하는 업무가 있는가"라는 물음에 59.2%가 '그렇다'고 답했으며, 그중 38%의 응답자가 '상사의 질문에 대한 대답'을 가장 대충 처리하는 일로 꼽았다.

이유는 제각각이겠지만, 어떤 이유에서든 상사의 질문에 건성으로 답하는 태도는 바람직하지 않다. 보고의 경우에는 특히 그렇다. 보고는 상사에게 업무의 진행 과정이나 결과를 알리는 일이지만, 그렇다고 일방적으로 이루어지는 커뮤니케이션은 아니다. 보고도 엄연한 쌍방향 커뮤니케이션이다. 상사가 당신의 보고를 들은 후 의문점을 제기할 수 있다. 미처 보고되지 않은 내용을 물을 수도 있고, 보고에 대한 추가 설명을 요구할 수도 있다.

이때 어떤 식으로 대응하느냐가 평가에 큰 영향을 미친다. 준비한 내용을 조리 있게 보고하는 것도 중요하다. 하지만 질문을 받고 당황하거나 우물쭈물하며 제대로 답을 하지 못한다면 좋은 점수를 얻기 힘들다. 그러므로 보고에 들어가기 전에, 상사가 어떤 질문을 할지 미리 예측하고 답을 준비하는 노력이 필요하다.

이러한 준비는 시간 절약 차원에서도 중요하다. 앞서 보고는 짧은 시간 안에 끝내는 것이 좋다고 했는데, 질문에 대한 답을 미리 마련하면 그만큼 전체적인 보고시간을 줄일 수 있다. 답을 생각하느라 시간을 허비하지 않아도 되기 때문이다.

때로는 당신이 상사에게 질문해야 하는 경우도 있다. 상사의 피드백을 이해하기 힘들 때다. 상사가 지시한 내용이나 업무의 특성을 제대로 파악하지 못했는데도 무조건 일을 시작하는 것은 어리석은 일이다. 이럴 때는 주저하지 말고 바로 질문을 던지도록 하자. 업무에서 실수를 줄이는 방법이다. 앞에서는 모두 이해한 듯 가만히 있다가, 나중에 지시와 다르게 일을 처리하는 직원은 눈 밖에 나기 십상이다.

상사에게 질문을 하고 답변을 들을 때는 그 내용을 꼼꼼히 메모하자. 동일한 사항을 다시 질문하는 일은 없어야 하기 때문이다. 상사가 이미 알려준 내용을 또다시 묻는 직원은 '불성실하다'는 낙인이 찍힐 수 있다. 더욱이 열심히 메모하는 모습은 상사의 의견을 적극 수렴하겠다는 의지의 표현으로 비친다. 상사 입장에서는 예쁘고 기특한 자세라 할 수 있다.

MASTERS OF COMMUNICATION
보고 summary

- 상사와 대면하는 순간부터 보고가 시작된다. 몸가짐에서 표정까지 면밀하게 점검하라. 또한 인상 깊은 서두로 보고를 시작하면 평가가 좋아진다.

- 기결승전起結承轉 화법을 이용하면, 보고의 효율성을 높일 수 있다. 상사가 가장 궁금해 하는 핵심부터 말하라.

- 상사에 대한 예의는 비즈니스맨의 마음자세를 반영한다. 상사를 고객으로 생각하면, 감정 소모 없이 업무에 집중할 수 있다.

- 상향리더십 기법은 상사를 대접하면서 원하는 것을 이끌어낼 수 있는 방법이다. 칭찬으로 상사의 호감을 사고, 요청을 반복해서 상사가 들어줄 수밖에 없게 만들어라.

- 간단명료하게 핵심만 전하는 보고, 알아듣기 쉬운 보고가 최고다. 상사가 참고할 보고서의 작성에 심혈을 기울이고, 되도록 단문으로 말하라.

- 독서와 메모가 핵심 전달력을 키운다.

- 상사의 피드백에는 적극적으로 반응하라. 상사에 대한 예의이자 당신의 의지를 표출하는 방법이다. 잘못은 바로 인정하고, 모르는 것은 질문하라.

- 상사의 의견에 이견을 제기할 때는 긍정과 논리로 맞서라.

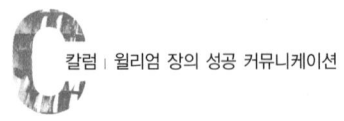
칼럼 | 윌리엄 장의 성공 커뮤니케이션

나만의 비전 카드를 만들어라

20대 후반의 김일호 씨는 직장에 들어가기까지 수없이 고배를 마셔야 했다. 학벌과 인물이 고만고만한 것도 문제였지만 그보다 더 큰 문제는 커뮤니케이션 능력에 있었다. 서류 전형에서 합격하고도 번번이 면접에서 탈락한 것이다. 그는 늘 면접관의 질문에 제대로 답하지 못하고 횡설수설했다. 때로는 한마디도 제대로 못하고 땀만 흘리다가 축 늘어져 면접장에서 나온 적도 있었다.

그가 처음 나를 찾아왔을 때는 패배의식이 짙게 드리워 있었다. 자신감이라고는 찾아보려야 찾아볼 수 없었고, 말 한마디 꺼내는 일도 무척 힘들어 했다. 하지만 커뮤니케이션 능력을 향상시키겠다는 의지만은 불타올랐기에 가능성은 충분해 보였다. 나는 그에게 비전 카드를 작성하기를 권했다.

"일호 씨의 목표, 그리고 그 목표를 달성하기 위해 수행할 계획을 비전 카드에 적으세요. 그 다음에는 매일 그 카드를 보면서 계획을 실행하고, 의지를 다지는 겁니다."

그는 '커뮤니케이션 능력을 키워 반드시 취직하겠다'는 목표를 설정하고, '자기계발·화술에 관련된 책을 일주일에 2권 이상 읽겠다'는 구체적인 계획을 세웠다. '실전력을 키우기 위해 모의 면접에 빠짐없이 참석하겠다'는 계획도 수립했다. 그리고 코팅한 비전 카드를 지갑에 넣고 다니며, 매일 세 번 이상 카드를 보면서 자신을 독려했다. "나는 반드시 커뮤니케이션의 달인이 될 것이다.", "더 이상 두려움이 나를 가로막도록 가만두지 않겠다."

 이후 그는 면접관 앞에서 멋지게 자신을 소개하고, 합격 통지서를 받는 그날을 목표로 하루하루를 열심히 생활했다. 지금껏 맺힌 울분을 토해내듯, 뜨거운 열정으로 교육에 전력을 다했다. 노력의 결과는 금방 나타났다. 그는 눈에 띄게 변했고, 결국 취업에 성공했다.

 김일호 씨는 현재 외국계 컨설팅회사에서 전문컨설턴트로 일하고 있다. 바라던 꿈을 성취했지만, 그는 비전 카드를 여전히 가지고 다닌다. 물론 그 카드에는 새로운 비전과 실행 계획이 적혀 있다.

 탁월한 커뮤니케이터가 되고 싶은가? 커뮤니케이션 능력을 높여 당신의 경쟁력을 높이고 싶은가? 그렇다면 생각만 하지 말고 행동에 옮겨라. 탄탄한 실행 계획은 당신의 노력에 이정표가 될 것이며, 꿈이 적힌 비전 카드는 당신의 성공 좌표가 되어줄 것이다.

C

의견을 관철하는 커뮤니케이션 기술

회의

기본적인 업무부터 대규모 프로젝트까지, 일의 방향과 절차는 회의를 거쳐 수립된다. 바꿔 말해 회의에서 의견을 관철하지 못하면, 당신의 의지나 뜻과는 전혀 다른 방식으로 업무를 진행하게 될지도 모른다. 회의를 당신의 뜻대로 이끌어야, 업무를 당신이 바라는 방향으로 자신있게 이끌 수 있다.

회사에서 회의는 일의 시작이자 과정이며 결과이다. 기획부터 진행, 마무리까지 회의를 통해 정보를 공유하고, 의견을 조율하며, 결과를 도출한다. 그렇기에 회의는 일의 모든 것이라 할 수 있다. 일의 성패가 회의에 달려 있다고 해도 과언은 아니며, 이런 이유로 회의는 성과에 대한 바로미터 역할을 하기도 한다. 즉 회의에서 두각을 나타내는 사람은 좋은 평가를 받을 가능성이 높다. 더욱이 회의에서 당신의 주장을 관철하면, 업무를 당신의 뜻대로 이끌어가는 것이 가능해진다.

회의는 준비가 반이다

회사 홈페이지 리뉴얼에 대한 계획을 세우기 위해 소집된 회의. 회의가 시작된 지 30분이 지났지만 이야기는 제자리를 맴돌고 있었다. 기술팀 오 부장은 구태의연한 의견만 계속해서 주장하고, 다른 직원들은 듣는 둥 마는 둥 별다른 반응이 없었다. 다들 시계만 쳐다보는 모양이 회의가 끝나기만을 기다리고 있는 사람들 같았다. 참석자들의 성의 없는 태도와 의미 없는 발언들에, 프로젝트의 총책임을 맡은 서비스기획팀 박 팀장은 심기가 불편할 대로 불편해졌다. '도대체 회의에 들어오면서 아이디어도 준비 안 해오는 사람들하고 어떻게 일을 하라는 거야. 이 사람들 마인드부터 틀렸어.'

고객관리팀의 김 대리가 손을 든 것은 바로 그 순간이었다. "제가 사전에 설문조사한 결과, 고객들은 일방향이 아닌 쌍방향 커뮤니케이션을 원하는 것으로 나타났습니다. 즉 일방적으로 정보만 전달하는 홈페이지가 아니라 고객과 함께 꾸며갈 수 있는 홈페이지가 되어야 합니다. 고객이 우리 상품에 대한 UCC를 제작해서 올릴 수 있는 공간을 만들면 어떨까요?" 김 대리의 발언이 끝나자마자 박 팀장은 박수를 치며 호응했다. "그래, 그거야. 내가 원한 건 구체적인 계획이라고. 이번 홈페이지 리뉴얼은 김 대리가 맡아서 진행해봐. 내가 적극적으로 도와주겠네."

우리나라 기업에는 유독 회의가 잦다. 주간 회의, 월간 회의처럼 정기적으로 진행되는 회의부터 불시에 소집되는 미팅까지, 오죽하면 '회의 공화국'이라는 말이 나왔을까. 아침에 회사에 출근해 온종일 회의만 하다가 일이 끝난다는 우스갯소리도 있다.

형식적으로 진행되는 회의도 많다. 참석자 대부분이 안건에 대해 미리 고민하지 않아서 별 소득을 올리지 못하거나, 의견만 분분하다가 결론조차 내지 못하고 끝나는 회의가 부지기수다. 회의도 엄연한 업무의 하나임을 인식하지 못해서 발생하는 불상사이다. 거듭 강조하지만 회의는 일의 시작이자 과정이며 결과이다. 본격적인 업무에 착수하기 전에 구체적인 그림을 그리는 자리, 업무 과정 중 발생하는 문제점을 논의하고 해결책을 마련하는 자리, 마무리된 업무에 대해 평가하며 다음 업무의 리스크를 줄일 수 있는 방안을 고민하는 자리가 바로 회의인 것이다. 회의가 제대로 이루어지지 않으면 업무도 제대로 이루어질 수 없다.

바로 이러한 이유로 회의는 직원을 평가하는 자리가 되기도 한다. 회의에서 참신한 아이디어나 건설적인 의견을 내놓으면, 상사에게 주목받는 계기가 될 수 있다. 그렇기에 철저한 준비가 필요하다. 당신을 돋보이게 만들 자료와 발언을 갖추고 회의에 임한다면, 당신을 바라보는 상사의 눈빛은 분명 달라져 있을 것이다.

회의 환경이 회의의 질을 좌우한다

당신이 책임을 맡아 프로젝트를 진행하고 있다면, 회의를 소집하고 진행하는 것도 당신의 몫이다. 참석 가능한 시간에 맞추어 회의를 소집하면 그만일 것 같겠지만 그리 간단한 문제는 아니다. 시간과 장소에 따라 회의의 질이 달라질 수 있기 때문이다.

얼마 전 강남에 위치한 한 유명 다국적 외국기업의 사내 교육장에서 특강을 진행한 적이 있다. 오후 5시부터 8시까지 진행된 강의였는데, 퇴근시간을 훌쩍 넘어선 시간에다 저녁식사나 간식도 제공받지 못해 교육생들이 불만으로 가득 차 있었다. 그런 가운데 교육을 진행하다 보니 아무리 경험 많은 전문강사가 진행한다 하더라도, 원활한 강의 진행과 교육생들의 동기부여에 제약을 받을 수밖에 없었다.

회의도 마찬가지다. 사안의 긴박성 때문에 잡히는 회의라면 예외지만 퇴근시간에 임박해서 진행되는 회의는 직원들에게 부담이 되기 마련이다. 강의 내용은 뒷전이고, 빨리 끝나기만을 기다릴지도 모른다. 참석자들이 집중하지 못하는 회의에서 건설적인 의견이 나올 수 있겠는가?

회의시간 역시 가능하면 집중력과 효율성을 높일 수 있는 시간대를 택하는 것이 가장 좋다. 이른 아침시간에 집중이 잘 되므로 출근 후 바로 회의를 진행하든지, 오후의 경우 점심식사 직후에는 주의력이 떨어지므로 2시~5시 정도에 하는 것이 바람직하다. 참고로 중요한 프레젠테이션 등의 경우에는 오전 10시~12시, 오후 2시~5시 사이가 이상적인 시간대이다.

또한 언제까지 회의를 끝낼 것인지, 시간을 정해놓고 진행할 필요도 있다. 《삼성처럼 회의하라》의 저자이자 단국대학교 겸임교수인 김영안 씨는 "회의는 정해진 안건을 마칠 때까지 하는 것이 아니라 시간을 정하고 거기에 맞는 결론을 내는 것"이라고 강조했다. 그에 따르면 가장 적당한 회의시간은 90분이라고 한다.

한편 회의 참석자는 회의 주제와 관련된 업무에 참여하는 사람이 기본이지만, 업무와 직접적인 연관이 없더라도 도움을 줄 수 있는 사람을 별도로 참석시켜도 좋다. 참석자를 섭외하는 것도 당신의 능력이다. 이렇게 참석자가 모두 정해지면 회의 자료를 사전에 배포해, 사람들이 의견을 준비해올 수 있도록 하라. 철두철미한 사전작업이 알찬 회의를 만든다. 더욱이 미리부터 자료를 작성하는 당신에게 사람들은 '성실하다', '부지런하다' 등의 평가를 내릴 것이다.

마지막으로 어떤 장소에서 회의를 진행하느냐도 중요한데, 요즘은 대부분의 회사에 회의실이 따로 마련되어 있으므로 회의실 사용 예약만 차질 없이 진행하면 되겠다.

세 수를 내다보면 승리한다

회의에서는 다양한 의견이 오간다. 당신이 내놓은 의견에 대해 참석자들이 어떤 반응을 보일지 알 수 없는 노릇이다. 확신을 가지고 제시한 아이디어가 거센 반대에 밀려 그대로 사장될 수도 있다.

회의의 목적은 서로의 의견을 나누고, 합일점을 찾아, 최상의 결과를 도출하는 데 있다. 하지만 당신은 자신의 의견이 회의에서 관철되기를 원할 것이다. 상사로부터 인정받기 위해서일 수도 있고, 업무를 당신이 바라는 대로 끌고 가기 위해서일 수도 있겠다. 어쨌거나 당신이 구상한 아이템, 기획, 업무 프로세스를 사람들에게 이해시키고 설득하려고 한다면, 회의에 앞서 시뮬레이션을 짜야 한다. 당신의 의견에 대한 사람들의 반응을 예측하고, 이에 어떻게 대응할지 구체적인 전략을 세우는 것이다.

바둑의 고수들은 세 수手를 내다본다고 한다. 자신의 수에 대한 상대의 방어, 그 이후 자신의 대응을 미리 예측하면서 바둑을 두는 것이다. 회의를 할 때도 세 수를 미리 보는 사람이 당연히 유리하다. 회의에 요구되는 자질은 순발력이 아니라 준비성이다. 여러 가지 시나리오를 다양하게 준비하라. 어떤 반응들이 나올지 경우의 수를 모두 고려한 뒤, 각각에 대한 작전을 짜야 한다.

당신이 고객 서비스 차원으로 이메일 서비스를 건의했다고 가정해보자. '비용 부담이 크다', '인력이 부족하다', '다른 기업에서 이미 시행하고 있는 서비스라 차별성이 없다' 등의 반대 의견을 짐작할 수 있다. 그렇다면 비용과 인력 문제를 어떻게 해결하고, 어떤 차별성을 가지고 갈지 등의 대책을 미리 준비하면 된다. 반대 의견에 확실한 대책으로 맞서면 당신의 주장이 더욱 힘을 얻을 수 있다.

또한 해당 회의에서 원하는 결과가 나오지 않을 가능성까지 고려해야 한다. 만약 회의가 지지부진하게 이어지기만 하고 별다른 결론이 나지 않는다면 어떻게 하겠는가? 아무리 시간을 끌어도 상황이 진전될 것 같지 않다면?

정답은 다음 기회를 잡는 것이다. 이야기가 겉돌기만 할 때는 과감히 자리를 정리하라. (설사 당신이 회의의 주최자가 아니라도, 마무리를 건의할 수 있을 것이다.) 이때 가능하면 다음번에 원하는 답이 나올 수 있게끔, 여운을 남겨보자. "잘 생각해보시고 다음에는 반드시 결정을 내렸으면 합니다.", "다음 주 월요일까지는 이 사안에 대해 마무리를 지어야 하므로 신중하게 검토하시기 바랍니다."…. 이처럼 얼마간의 말미를 주면 그 사이에 사람들은 문제에 대해 고민할 것이고, 각자 생각을 정리하여 다음 회의에 참석할 것이다.

핵심은 힘이 세다

"중심을 찌르지 못하는 말은 입 밖에 내지 않느니만 못하다."《채근담》에 나오는 말이다. 중국 명나라의 학자가 강조한 메시지는 지금 시대에도 여전히 유효하다. 커뮤니케이션, 특히 회의에서 가장 중요한 것은 간단명료한 핵심의 전달이다.

회의석상에서는 말의 홍수라고 표현할 만큼 다양한 의견이 난무한다. 이야기가 많아지고, 시간이 길어질수록 참석자들의 집중도는 떨어지기 마련이다. 더욱이 많은 사람이 참여하는 회의에서 한 사람이 너무 많은 시간을 독식해서는 안 된다. 이미 많은 사람이 알고 있는 내용을 이야기하는 등의 시간 낭비는 피해야 한다.

그렇기에 회의에 앞서 주장에 대한 핵심을 미리 정리할 필요가 있다. 이것은 자신을 설득하는 과정이라는 점에서도 중요하다. 주장에 대한 자료를 모으고, 생각을 정리하면서 자신의 논리를 더욱 확고히 세울 수 있다. 자신을 충분히 이해시키고 수긍시킨 논리라면, 다른 사람에게 받아들여질 가능성도 높아진다.

또한 자기 확신이 있는 사람은 말에 힘이 넘치고, 표정에 자신감이 묻어난다. 좀 더 주도적으로 회의를 이끌 수 있는 것이다. 다음은 핵심을 효과적으로 정리하는 방법이니 참고하기 바란다.

첫째, 방향을 설정한다_ '무엇을 어떻게'에서 출발하라. 전달할 내용과 의도를 정확히 설정하고, 그 배경이나 대상을 구체적으로 조사해야 한다. 이를 토대로 전체적인 컨셉을 결정하는 것이다.

둘째, 전체 줄거리를 잡는다_ 컨셉이 정해지면 그에 맞는 자료를 수집하고 분석하는 과정이 이루어져야 한다. 그리고 어떤 내용을 이야기할지 전체 줄거리에 대한 로드맵을 짜면 된다.

셋째, 3단 논법을 짠다_ 커뮤니케이션 기술로 흔히 언급되는 것에 기승전결의 4단계, 아리스토텔레스의 3단 논법 등이 있다. 개인적으로는 논리성이나 이해성을 따져봤을 때, 3단 논법이 가장 효과적이라고 본다. 서론, 본론, 결론으로 이야기를 논리정연하게 전달하면, 듣는 사람이 이해하기가 편하다. 당신의 말이 받아들여질 확률도 높아진다. '이해'가 '수긍'을 부르는 것이다.

한편 회의에서 의견을 발표할 때는 애매모호한 표현은 지양해야 한다. 불필요한 오해를 부를 수도 있고, 핵심을 흐릴 수도 있기 때문이다. '아마', '거의', '대부분' 등, 구체적이지 않은 수식어나 '~라고 생각한다', '~수도 있다' 등, 주장의 힘을 떨어뜨리는 표현은 피하도록 하자.

변화 화술로 분위기를 장악하라

진 부장은 회의에만 들어갔다 나오면 괜히 우울해지고 기운이 빠진다. 학창 시절부터 '말빨' 하나는 알아줬는데, 웬일인지 예전 같지가 않다는 생각이 들었다. 열심히 자료를 준비하고 나름대로 논리를 세워 말을 하는데도, 아무도 진 부장의 이야기에 귀를 기울여주지 않는다. 딴짓을 하거나 하품을 하는 사람까지 있다. '도무지 이유가 뭘까? 나한테 무슨 문제가 있는 거지?'

더욱 이해할 수 없는 일은 홍 대리에 대한 사람들의 반응이다. 근거가 확실하지도 않고 가끔 두서없이 말하기도 하는데, 사람들은 그의 말에 집중한다.

진 부장과 홍 대리, 두 사람에겐 어떤 차이가 있을까? 단순히 '말'만 가지고 이야기하자면, 진 부장이 훨씬 뛰어나다고 할 수 있다. 그는 타당한 근거를 바탕으로 논리적인 주장을 내세운다. 말에 짜임새가 있어, 누구나 수긍할 수밖에 없게 만드는 힘이 있다. 하지만 문제는 이야기에 강약이 없다는 것. 그저 생각하는 바를 줄줄 읊는 스타일이라서, 듣다 보면 지겨워지는 경향이 있다. 반면에 홍 대리는 이야기를 맛깔나게 하는 스타일이다. 갑자기 질문을 던지기도 하고, 중요한 사항은 몇 번씩 반복하면서 사람들을 이야기에 흡입시킨다. 두 사람에 대한 사람들의 반응이 달랐던 이유는 이야기의 전달 방식에 있었던 셈이다.

미국의 인기 드라마 〈웨스트 윙The West Wing〉의 작가인 아론 소킨 Aaron Sorkin은 "훌륭한 말은 훌륭한 음악과 똑같은 특징을 지닌다. 여기엔 리듬이 있고, 높낮이가 있고, 음색이 있고, 강약이 있다"고 강조했다. 여기서 유의할 부분은 강약이다.

밑도 끝도 없이 몰아치는 이야기는 듣는 사람을 부담스럽게 만든다. 말에도 쉬어야 할 때와 달려야 할 때가 있다. 회의를 통해 당신이 달성하고자 하는 목표가 무엇인가를 생각하라. 그 목표를 담고 있는 핵심 메시지를 파악하라. 바로 그 핵심만 제대로 부각시켜도, 회의는 성공이다. 핵심을 제외한 나머지 이야기들은 그저 편안하고 부드럽게 흘러가도 괜찮다. 듣기에도 부담이 없고, 말하기에도 부담이 없는 방법이다.

쉼표로 궁금증을 유발하라

당신이 음악을 듣는 중이라고 가정해보라. 그런데 갑자기 중간에 음악이 끊겼다면? '무슨 일이지?'라는 궁금증과 함께 음악에 귀를 기울이지 않겠는가? 영화를 볼 때도 마찬가지다. 갑자기 화면이 까맣게 변하면, 관객은 '뭔가 극적인 장면이 나올 모양이지'라며 기대감을 품고 화면에 집중한다.

커뮤니케이션에 쉼표가 필요한 이유는 이 때문이다. 쉼표를 사용하라는 말은 "제가 생각하는 결론을 말씀드리겠습니다. (잠시 쉬었다가) 결론은 ~입니다"와 같이, 이야기를 멈추었다가 다시 이어가라는 의미다. 당신이 열심히 발언을 하다가 잠시 숨을 고르는 순간, 사람들은 뒤이어 나올 이야기에 궁금증과 기대감을 품게 된다. 그리고 그 짧은 시간에 여러 가지 이야기를 예상하게 된다. 쉼표는 상대에게 당신의 이야기에 대해 생각할 시간을 주고, 그로써 이야기에 더욱 집중하게 만드는 도구다.

뛰어난 커뮤니케이터들은 쉼표를 주는 타이밍까지 철저히 계산한다. 단순히 이야기를 하다가 힘이 들어서, 잠시 무엇을 준비하느라 이야기를 멈추는 것처럼 보일지라도 그것은 고도의 전략이다. 중요한 이야기를 꺼내기에 앞서 잠시 틈을 두고 숨을 고르며, 사람들의 관심이 고조되는 순간을 노리는 전략이다. 기대감이 부풀 대로 부풀었을 때 이야기를 꺼내면 효과가 극대화된다.

회의석상에서 발언을 할 때 당신이 진정으로 원하는 목표, 핵심을 담고 있는 메시지는 반드시 쉼표 뒤에 꺼내도록 하자. 작은 연출이 극적인 효과를 불러올 수 있다. 또한 말을 멈추었을 때 사람들 한 사람 한 사람과 눈을 맞추면 효과는 더욱 커질 것이다.

강조 기법으로 집중을 끌어내라

다양한 커뮤니케이션 기술을 섭렵하고 있으면, 그만큼 커뮤니케이션이 풍성해진다. 회의를 하면서 사람들에게 강조하고 싶은 메시지, 부각시키고 싶은 핵심이 있다면 다음 방법들을 활용하자. 이른

바 강조 기법을 이용하면, 이야기에 강약이 생겨서 핵심이 더욱 두드러지게 된다.

 첫째, 시선을 마주치면서 또렷하게 발음한다_ 중요한 메시지를 전할 때는 청자들과 일일이 눈을 맞춰라. 이야기에 주목하게 만드는 방법이다. 사람들은 시선을 마주하면서 듣는 이야기를 '내게 하는 말'이라고 받아들인다. 그리고 천천히, 또렷한 발음으로 이야기를 하는 것은 '지금 하고 있는 이야기가 아주 중요하다'는 사실을 말없이 알려주는 방법이다.

 둘째, 반복, 또 반복하라_ 반복 기법은 강조하고 싶은 메시지를 몇 차례에 걸쳐 이야기함으로써 청중에게 확실히 각인시키는 방법이다. 예를 들어 "다시 한 번 말씀드리겠습니다. 이것이 왜 중요하냐 하면…"처럼, 사람들의 머리에 깊이 새겨질 때까지 이야기를 몇 번이고 반복하면 된다. 학원 강사나 학교 선생이 "이 부분은 시험에 나온다"라며 반복해서 설명했던 기억을 떠올리면, 이해하기 쉬울 것이다.

 셋째, 손가락을 활용하라_ 손가락 활용 기법은 간단하다. "자, 그러면 이 부분이 왜 필요한지에 대해 딱 세 가지 이유로 정리해보겠습니다"라는 말을 하면서, 오른손의 손가락 세 개를 차례로 펴 보이는 것이다. 첫째, 둘째, 셋째를 언급하면서 손가락을 하나씩 펴면 된다. 사람들의 이목을 끄는 동시에 이야기가 체계적이라는 느낌을 줄 수 있다. 숫자를 사용해 내용을 정리하면 깔끔한 요약이 가능하다.

질문으로 설득하라

질문은 가장 강력한 커뮤니케이션 도구다. 일단 회의에 활기를 불어넣을 수 있다는 점에서 그렇다. 의견 발표에 소극적인 사람, 좀처럼 입장을 밝히지 않는 사람에게 질문을 던지면 어쩔 수 없이 입을 열게 된다. 회의석상에서 소외된 듯 구는 사람들에게 질문을 던져 발언권을 주면, 많은 사람을 회의에 참여시킬 수 있다. 열의가 없는 사람들을 억지로 이끌어내는 것 같아 꺼려지겠지만, 의외로 좋은 아이디어가 나올 수 있다. 또한 질문을 잘만 사용하면 회의를 당신의 뜻대로 몰아갈 수도 있다.

이러한 질문의 힘을 단적으로 보여주는 인물로 방송인 손석희 씨를 꼽을 수 있다. 그는 시사프로그램의 진행자로 맹활약하고 있는데, 출연하는 패널에게 예리하고 날카로운 질문을 던지는 진행으로 유명하다. 자신의 주장을 펼치기보다 끊임없이 질문을 던짐으로써 상대를 막다른 골목에 몰아세우는 스타일이다. 그의 집요한 질문 앞에서는 철저하게 답변을 준비하고 나온 사람도 '녹다운'이 되고 만다.

회의를 할 때도 이러한 질문 기법을 활용하면, 다른 의견을 가진 상대를 함락할 수 있다. "지금 제시하신 의견의 근거를 알고 싶은데요?", "비슷한 사업이 성공한 사례가 있습니까?"…. 이렇듯 상대의 발언에서 허점을 찾아 집중 공략하는 것이다.

또한 질문은 상대에게 생각의 기회를 제공한다는 점에서도 효과적인 커뮤니케이션 도구다. 당신이 질문을 던지면 상대는 대답을 해야 한다는 책임감을 느끼고, 답을 하기 위해 당신의 이야기를 곱씹는다. 당신의 생각을 다시 한 번 인지시킬 수 있는 것이다. 예를 들어 "저는 이러이러한 점에서 이 기획의 성공을 확신합니다. 김 대리는 어떻게 생각하십니까?"라고 질문을 던지면 상대는 당신의 이야기를 되새김질하게 된다. 당신의 의견을 진지하게 고민하게 되므로, 그만큼 수긍할 가능성도 높아진다.

TIP | 효과적인 질문의 기술

- 입장을 바꿔 생각하도록 유도하라. (예: "당신이 고객이라면 이 제품을 사겠습니까?")
- 상대의 의견을 재확인하라. 상대를 한발 물러서게 하는 전략이다. (예: "방금 하신 말씀에 따르면, 이 기획안의 성공 확률이 100%라고 확신하시는 것 같은데요. 맞습니까?")
- '왜'로 일관하라. 타당한 근거를 못 대는 상대를 함락할 수 있다. (예: "왜 그렇게 판단하십니까?", "왜 소비자들이 이 서비스에는 관심이 없다고 생각하십니까?")

듣는 만큼 보인다

이건희 전 삼성전자 회장이 부친 고 이병철 삼성그룹 창업주로부터 경영수업을 받을 때의 일이다. 첫 출근하는 날, 이병철 창업주는 이 회장에게 자필로 쓴 종이 한 장을 건넸다. 거기에는 '경청傾聽'이라는 두 글자가 적혀 있었다. 다른 사람의 이야기를 잘 듣는 태도가 리더의 제1자질이라는 의미에서였다. 그리고 몇십 년이 흐른 후, 최고경영자의 자리에 오른 이 회장은 아들 이재용 씨에게 경청이라는 글귀를 다시 물려주었다. 직접 경영전선에 뛰어들어 일하면서, 경청의 중요성을 몸소 체험했던 것이다.

'메리 케이 화장품'의 창업주 메리 케이 애쉬Mary Kay Ash 역시 경청의 힘을 강조했던 인물이다. 그녀는 직원들에게 강력한 동기를 부여하는 리더십으로 유명했는데, 리더십의 비결로 경청을 첫손가락에 꼽았다. 그녀는 "듣는 것은 하나의 기술"이라며 "사람들로 북적대는 방에서 이야기를 할 경우라도, 나는 그 방에 나와 상대만 있는 것처럼 그를 대한다"고 말했다.

하지만 경청이 비단 경영에서만 요구되는 태도는 아니다. 수많은 전문가들이 커뮤니케이션의 기본자세로 경청을 꼽는다. 커뮤니케이션은 다른 사람의 말을 '듣는' 데서 시작된다는 논리다. 인간관계 경영 컨설턴트인 데일 카네기Dale Carnegie의 리더십 원칙을 정리한 책 《카네기 리더십》에도 다음과 같은 구절이 있다.

"경청은 당신의 두 귀로 사람을 설득하는 방법이다. 이것은 사실이다. 경청은 당신이 세상을 바라보는 방식으로 다른 사람도 볼 수 있게 설득하는, 굉장한 힘을 가진 도구이다."

회의 역시 마찬가지다. 상대방의 말을 주의 깊게, 끝까지 듣는 일은 회의 참석자에 대한 배려이자 예의이고, 회의를 성공으로 이끄는 길이다. 회의는 싸움이 아니다. 회의의 궁극적인 목적은 업무에 도움이 될 최선의 결과를 도출하는 데 있다. 참석자 간에 협력과 존중이 바탕에 깔릴 때, 보다 좋은 결과를 얻을 수 있다는 사실을 잊어서는 안 된다.

들으면서 메모하라, 메모하면서 정리하라

당신의 회의 스타일은 어떤가? 특히 다른 사람의 의견을 들을 때, 당신은 어떤 태도를 취하는가? 그저 묵묵히 듣기만 하는가? 아니면 중요한 내용을 메모하면서 듣는가? 후자에 속한다면, 당신은 회의를 성공으로 이끌 가능성이 아주 높다고 하겠다.

경청이 가져오는 최대의 효과는 정보수집이다. 상대의 이야기를 귀담아 듣다 보면, 당신에게 필요한 정보를 찾을 수 있는 것이다. 그런데 메모를 하면서 들으면 상대의 이야기에서 핵심을 찾기가 더욱 용이해진다. 아시아 최고의 위생용품기업으로 꼽히는 '유니참'의 다카하라 게이치로 회장도 자신의 책《현장이 답이다》에서 "손으로 직접 쓴 단어는 머릿속으로 '스며드는 정도'가 다르다. 단지 한 번 흘려듣는 것과 메모를 한 것과는 그 의미도, 중요성도 크게 차이가 난다"며 메모의 효과를 설명했다.

실제로 성공한 CEO들 중에는 유독 메모광이 많다. 윤종용 삼성전자 상임고문이 대표적인 인물. 그의 저서《초일류로 가는 생각》은 입사 후 40여 년간의 메모를 바탕으로 집필한 책이다. 국제회의장에서도 그가 메모하는 모습을 자주 볼 수 있었다고 한다. 윤병철 전 우리금융 회장 역시 일주일에 1~2권 정도의 수첩을 메모로 채우는 메모광으로 유명하다. 그는 임원 회의에도 수첩을 들고 와서 회의 내용을 기록한다고 한다.

이처럼 리더들이 메모에 열을 올리는 이유는 그만큼 메모가 가져오는 이득이 많기 때문이다. 회의에 국한지어 설명하자면, 메모는 상대의 이야기를 정리해서 반박할 수 있도록 돕는다. 아무리 주의 깊게 듣는다고 해도 상대의 이야기를 모두 기억하기란 불가능한 일. 하지만 간략하게나마 메모를 한다면, 상대가 했던 이야기에서 찾은 허점이나 논리의 비약을 언급하면서 반박할 수 있다. 당신의 주장에 더욱 힘이 실리는 것이다. 경청이 정보를 수집하는 수단이라면, 메모는 정보를 정리하는 도구라고 할 수 있다.

이렇게 메모한 내용을 토대로 회의록을 작성해도 좋다. 다음 회의를 진행할 때, 전에 나왔던 의견들을 정리하고 시작하면 주제에서 벗어나는 일 없이 회의를 효율적으로 진행할 수 있다. 더욱이 회의가 끝난 후에 참석자들에게 회의록을 나눠준다면, 당신을 보는 시선이 달라질 것이다. 사소한 일까지 세심하게 챙기는 직원은 인정받을 수밖에 없다.

T I P | 효과적인 메모의 기술

- 다른 색 펜을 사용한다든지, 밑줄을 긋는 식으로 중요한 내용은 별도로 표시하라. 메모를 보고 이야기할 때, 핵심이 한눈에 들어올 수 있어야 한다.
- 자신만의 암호를 만들어라. 모든 말을 다 받아 적기엔 무리가 따른다. 자신만이 알 수 있는 암호나 그림을 사용해, 쉽고 간단하게 메모하라.
- 숫자를 매겨라. 이야기의 논점이 달라질 때마다 숫자를 매겨 구분하면, 정리가 한결 쉬워진다.
- 메모를 한 장소와 날짜, 시간을 기록하라. 다음에 펼쳤을 때 메모를 한 당시의 상황을 기억하는 데 도움이 된다.
- 메모 수첩을 구분해서 사용하는 것이 좋다. 회의 전용 노트를 따로 만들어, 별도로 관리하라.

밀더라도 인정할 의견은 인정하라

바람직한 회의는 모두가 윈-윈 하는 회의이다. 즉 참석자들의 의견을 최대한 반영해 가장 이상적인 결론을 도출할 때, 성공한 회의라 할 수 있다. 무조건 당신의 의견을 밀어붙이는 태도는 옳지 않다. 당신의 의견을 관철하고 싶다면, 다른 사람들의 의견도 받아들여야 한다.

특히 발언을 중간에 가로막는 행위는 피해야 한다. 상대의 기분을 상하게 할 수 있으며, 회의가 감정싸움으로 번질 공산이 크기 때문이다. 물론 회의 주제에서 어긋나는 이야기라면 과감히 차단해야 하지만, 이때도 충분한 설명이 필요하다. "지금 하고 계시는 이야기는 이번 프로젝트와는 상관이 없는 주제인 것 같습니다. 죄송하지만 다른 분의 의견을 들었으면 하는데요?"처럼 상대가 납득할 수 있도록 이유를 제시하고, 양해를 구해야 한다.

같은 이유로, 당신이 납득할 수 없는 의견이라 하더라도 일단은 끝까지 들어야 한다. 그리고 발언이 끝나면 그때 반론을 펴는 것이다. 이 경우에도 상대의 의견을 무조건 비판하는 태도는 바람직하지 않다. "좋은 의견입니다. 그런데 제 생각은 조금 다르군요"라는 식으로 에둘러 표현하기를 권하고 싶다. 당신이 상대의 의견을 존중할 때, 상대도 당신의 의견을 존중해준다.

무엇보다 가장 좋은 경청의 자세는 다른 사람의 이야기를 듣고 인정할 부분은 적극적으로 인정하는 모습이다. 다른 사람의 의견은 무시하면서 자신의 의견만을 고집하는 사람은 '융통성이 없다', '독단적이다' 등의 부정적인 평가를 받기 쉽다. 그가 아무리 논리적이고 객관적인 근거를 댄다고 해도 인정받기가 어려워진다.

건설적인 의견이 나왔을 때는 "정말 일리 있는 의견입니다. 적극 공감합니다"라며 동의를 표하자. 무엇보다 이러한 공감 화술은 상대와 내가 같은 배를 타고 항해하는 동반자라는 인식을 심어준다. 회의 분위기가 밝아질 수밖에 없다.

회사에서 회의는 단발로 그치지 않는다. 하나의 프로젝트를 진행하면서 몇십 번의 회의가 진행될 수 있다. 한 번에 모든 것을 얻으려고 욕심을 부리지 말고, 단계적으로 이루는 전략을 펴도록 하자.

TIP | 상대의 의견에 대한 반응법

- 상대의 의견이 회의 주제에서 벗어날 때 : 주제와 어긋난다는 사실을 인지시킨다. (예 : "우리가 논의하고 있는 화제에 초점을 맞추어주시겠습니까?")
- 대안 없이 문제만 지적할 때 : 구체적인 해결책을 요구한다. (예 : "저 역시 그러한 문제들을 인식하고 있습니다. ○○○ 씨가 생각하는 해결책은 무엇입니까?")
- 나와 같은 의견이 제시됐을 때 : 적극적으로 동의를 표하고, 내용을 발전시킬 수 있도록 돕는다. (예 : "저도 같은 생각입니다. 그런데 그 방법을 시도했을 때 문제점은 없을까요? 문제를 해결할 방안은 생각하셨는지요?")

경청의 효과를 높이는 기술들

경청에서 '청聽'은 耳, 王, 十, 目, 一, 心이 조합된 한자다. 즉 왕王처럼 큰 귀耳, 열 개十의 눈目, 상대와 하나一된 마음心으로 이야기를 들으라는 뜻이다. 입이 하나, 귀가 두 개인 이유도 말하기보다 들기를 두 배나 더 많이 하라는 의미다.

하지만 예부터 "말을 배우는 데는 2년, 침묵을 제대로 배우는 데는 60년이 걸린다"라고 할 만큼 남의 말을 잘 듣기란 어려운 일이다. 그런데 꼭 필요한 일이다. 그러면 어떻게 해야 경청을 잘할 수 있을까? 경청의 효과를 높이는 기술들을 소개하자면, 이렇다.

첫째, 고정관념을 버려라_ 당신이 가지고 있는 선입견이나 사고방식을 잠시 버리고, 상대의 입장에서 이야기를 들어라. 상대의 이야기에 온전히 빠져들어야 이해의 범위도 넓어지고, 인식도 깊어진다. 자신의 입장만 고수한 상태에서 상대의 의견을 들으면 자기 식대로 재해석할 가능성이 높다.

둘째, 눈으로 들어라_ 이야기를 듣는 내내 상대와 눈을 마주쳐라. 상대에게 '나는 지금 당신의 이야기에 귀 기울이고 있습니다', '당신의 의견을 존중합니다'라는 무언의 메시지를 보내는 방법이다. 고개를 숙이거나 다른 곳으로 시선을 돌리고 있으면, 상대에게 '무시받는다', '이야기에 관심이 없다'는 오해를 줄 수 있다.

셋째, 'YF&6 : 4 법칙'을 활용하라_ YF란 You First의 약자로, 상대방에게 먼저 말할 기회를 주라는 뜻이다. 일단 상대의 이야기를 듣고 나면 자신의 생각을 정리하기도 수월해진다. 다음으로 6 : 4 법칙은 상대방이 60%를, 당신이 40%를 말하라는 의미다. 말을 많이 한다고 해서 회의의 주도권을 잡게 되는 것은 결코 아니다. 오히려 짧고 분명하게 자신의 의견을 표현하는 방식이 효과적이다.

주도권은 표정에서 결정된다

비즈니스 전략가이자 칼럼니스트인 척 마틴Chuck Martin이 심리학자들과 함께 쓴 책 《영리하게 일하라》를 보면, 이런 이야기가 나온다.

"조직 내에서 계속 승진을 거듭하는 사람은 남들이 보기에는 고도의 훈련을 받은 사람처럼 보일지 모른다. 왜냐하면 업무에 곧장 달려들고(높은 업무 착수 능력), 압박 속에서도 냉정을 유지하며(높은 감정조절 능력), 항상 목표에서 눈을 떼지 않기 때문이다(높은 집중력)."

일 잘하는 사람들의 특징에 주목한 대목인데, 그 가운데 회의에서 요구되는 자질이 감정조절 능력이다.

유통업체 영업팀에서 근무하는 서 차장은 성격이 화끈하고 시원시원하지만, 표정관리를 못한다는 단점이 있다. 조금이라도 심기가 불편해지면 얼굴이 금방 붉어지고 표정이 굳어지곤 한다. 얼굴 표정 때문에 회사생활에서 곤란을 겪지는 않았지만, 어느 날 큰 문제가 발생했다. 거래처와의 미팅에서였다.

한참 미팅을 진행하다가 상대의 한마디에 순간 기분이 상한 서 차장은 여느 때와 다름없이 표정을 일그러뜨렸다. 그런데 이것이 거래처 사람의 마음을 상하게 만들었다. 거래처 사람은 "중요한 거래에서 감정을 앞세우는 사람과는 이야기하고 싶지 않다"며 미팅을 마무리 짓지도 않고 돌아갔다. 결국 거래는 실패로 끝났고, 서 차장은 상사로부터 호된 질책을 받아야 했다.

사회생활을 할 때는 '포커페이스 poker face'가 될 필요가 있다. 비즈니스는 어디까지나 '일'을 중심으로 돌아가야 하기에, 개인적인 기분이나 감정은 배제해야 한다. 마음의 동요나 감정을 얼굴에 드러내서 좋을 일은 하나도 없다. 오히려 '프로답지 못하다'는 평가만 받기 십상이다.

자신을 잘 억제하여 냉정을 잃지 않는 사람은 크게 실수하는 법이 없다. 당혹스러운 상황과 마주쳐도 금방 이성을 찾고 냉철하게 대책을 마련하기 때문이다. 즉 감정조절 능력이 뛰어난 사람은 위기관리 능력이 뛰어난 사람이라고 바꿔 표현할 수 있다. 자신의 감정을 통제하고 다스릴 줄 아는 사람이 비즈니스 세계에서 각광받는 이유는 그 때문이다.

회의도 엄연한 비즈니스의 영역이기에, 포커페이스가 요구된다. 더욱이 회의는 찬성, 반대로 편을 나누는 자리가 아니다. 설사 상대의 의견에 반대할지라도 논리로 맞서야지 감정적인 대응은 금물이다. "말도 안 된다", "나는 절대로 수긍할 수 없다" 등의 감정이 섞인 말은 상대의 기분을 상하게 할뿐더러 회의의 원활한 진행을 막는다. 또한 감정적인 발언은 당신에 대한 신뢰를 떨어뜨린다. 당신의 논리적인 반박도 '괜히 꼬투리를 잡는다'는 식으로 평가절하될 수 있다. 회의석상에서는 감정적인 사람보다 이성적인 사람이 빛을 발한다는 사실을 명심하라.

당신이 느끼는 감정을 효과적으로 관리하라. 표정이나 억양으로 감정이 새나가지 않도록 조심하라. 회의의 주도권은 객관적이고 중립적인 입장에 선 사람이 쥐게 마련이다.

참석자의 '몸 말'을 읽어라

커뮤니케이션의 달인들은 청자가 많든 적든 상관없이, 그들을 리드하면서 대화를 진행한다. 반면 초보자들은 청자에게 휘둘리고, 끌려 다니기 십상이다. 이런 차이는 어디에서 기인하는가? 여러 가지 이유가 있을 수 있겠지만, 가장 큰 원인은 청자의 '몸 말'을 읽느냐 읽지 못하느냐의 차이라고 할 수 있다.

몸 말은 반응이라고도 표현할 수 있는데, 뛰어난 커뮤니케이터들은 상대의 반응을 읽고 민첩하게 대처할 줄 안다. 예를 들어 회의에서 참석자들이 시선을 잘 마주치지 않는다든가, 몸을 배배 꼰다든가 하는 태도를 보일 때는 '이야기에 관심이 없다'는 신호이다. 이를 감지한 커뮤니케이터는 기민하게 대처해, 사람들의 관심을 환기시킨다. 집중하지 않는 사람에게 일부러 말을 건다든가, 갑자기 박수를 쳐서 사람들의 이목을 끄는 식이다. 예상하지 못했던 '공격'은 상대를 긴장시킨다. 일단 관심을 끄는 데 성공했으므로, 다시 이야기를 진행하면 딴생각을 하던 사람도 그의 발언에 집중하게 된다. 그런데 초보자들은 실수를 하지 않고 발언을 끝내는 데 신경 쓰기 바빠, 참석자들의 반응까지는 미처 체크하지 못한다.

쉽지 않은 일이겠지만, 발언을 하는 중간 중간 청자의 반응을 체크해야 한다. 청자를 배제한 커뮤니케이션은 의미도 없을뿐더러 소득을 얻기도 힘들다. 일대일 커뮤니케이션이 아니라도 청자와 함께 호흡하는 것이 중요하다. 참석자 한 명 한 명의 표정을 주시하고, 그들이 어떤 생각을 하고 있는지 분석할 필요가 있다. 더욱이 청자의 몸 말을 읽으면 회의를 자신의 뜻대로 움직일 수 있다. 어떤 식으로 이야기를 끌어갈 것인가부터 어떤 느낌을 줄 것인지까지, 통제가 가능해지는 것이다.

> **TIP | 몸 말에 담긴 의미**
>
> - 팔짱을 낀다 : 팔짱을 낀다는 것은 자기를 보호하고 방어하려는 무의식적인 행동이다. 회의에서라면, 상대의 의견을 쉽사리 수긍하지 않겠다는 무언의 표시라고 해석할 수 있다.
> - 소매를 걷어 올린다 : 당신의 의견에 반대한다는 표현일 가능성이 높다. 우리는 흔히 무언가를 제대로 해보려고 할 때 소매를 걷어 올리는데, 회의에서는 한 번 제대로 붙어보겠다는 의미로 볼 수 있다.
> - 손가락으로 장난을 친다 : 무료함, 지루함에서 벗어나고자 하는 행동이다. 즉 당신의 이야기가 '지루하다'는 신호인 것이다.
> - 턱 밑에 양손을 괸다 : 집중할 때 쉽게 취하는 자세다. 당신의 이야기에 관심이 있다는 표시이며, 적극적으로 듣겠다는 신호이다.
> - 다리를 흔든다 : 불안함을 느끼고 있는 상태. 당신의 의견에 대응할 말이 떠오르지 않거나 무언가 자신에게 불리하다고 생각하는 상태라고 보면 된다.

감정이 격해질 땐 한 박자 쉬어라

회의를 진행하다 보면 뜻밖의 난관을 만날 수 있다. 이야기가 당신의 생각과 다른 방향으로 진행될 수도 있고, 당신이 내놓은 의견이 격렬한 반대에 부딪힐 수도 있다.

예기치 못한 상황에 당황스럽겠지만, 이럴 때일수록 안정을 찾아야 한다. 감정에 휩싸이면 이성이 마비된다. 원활하게 해결할 수 있는 문제도 감정이 개입되면, 손쓸 수 없는 상태로까지 커지곤 한다.

당신의 뜻대로 회의가 진행되지 않을 때는 분위기를 바꾸려고 무리하게 노력하지 말고, 차라리 입을 다물어라.

입을 닫고, 마음을 가다듬으며, 생각을 정리해야 한다. 생각이 정리되지 않은 상태에서 나오는 발언은 허점이 있게 마련이고, 상대에게 공격의 빌미를 제공할 수밖에 없다. 제 무덤을 제가 파는 격이다.

설사 누군가 당신의 자존심을 건드리거나 모욕에 가까운 발언을 하더라도 즉각적인 대응은 금물이다. 당신의 도발은 그를 돕는 일일 뿐이다. 당신이 격한 감정을 그대로 드러내면 상대는 당신을 얕잡아볼 뿐 아니라, 한층 여유롭게 회의를 리드하려고 할 것이다. 감정을 표출하는 것은 지금 당신이 밀리고 있다는 사실을 시인하는 일과 다름없다.

거듭 강조하지만 회의가 싸움이 되어서는 안 된다. 순간적인 판단 착오로 당신이 흥분하고 이성을 잃은 모습을 보이면, 사람들은 당신을 '감정적이고 충동적인 사람'이라고 평가하게 될 것이다. 반대로 궁지에 몰려도 의연하게 대처한다면 '위기관리 능력이 뛰어난 사람'이라고 생각하게 될 것이다. 회의에서의 모습이 당신의 다른 역량에 대한 평가에까지 영향을 미치는 것이다.

수세에 몰릴수록 웃는 여유가 필요하다. 난관에 봉착할수록 미소를 잃어서는 안 된다. 물론 사람들은 당신이 수세에 몰리고 있다는 사실을 눈치 챌 것이다. 그럼에도 불구하고 당신이 웃고 있다면, '뭔가 비장의 무기가 있다'는 생각을 하게 된다. 그래서 쉽사리 당신을 무시하지 못하고, 당신의 의견에 계속 귀 기울이게 된다. 여유로운 표정을 짓고, 한 템포 쉬면서 생각을 정리하라.

시선은 1 대 1에서 4 대 6으로 옮겨라

러시아 작가 막심 고리키Maksim Gor'kii는 "사람의 눈은 그가 현재 어떻다는 인품을 말하고, 사람의 입은 그가 무엇이 될 것인가 하는 가능성을 말한다"고 했다. 그의 말처럼 사람들은 눈을 보면서, 그 사람의 성품을 짐작하곤 한다. '눈은 마음의 창'이라는 말도 있지 않은가?

커뮤니케이션에서 시선 처리가 중요한 이유도 여기에 있다. 사람들은 당신의 입뿐 아니라 눈을 통해서도 당신의 생각을 듣는다. 화자가 눈을 자꾸 돌리거나 사람들의 시선을 피하는 등 시선이 불안정하면, 듣는 사람도 시선이 분산되어 이야기에 집중하기가 힘들다. 결과적으로 내용 전달이 힘들어지는 것이다.

회의에서 당신의 의견을 발표할 때는 시선 처리에 유의하도록 하자. 일단은 당신의 이야기에 귀를 기울이는 한 사람과 눈을 맞추는 일부터 시작하는 것이 좋다.

마치 일대일로 대화를 하듯, 그 사람과 눈을 맞춰라. 그가 일단 당신의 이야기에 빨려들었다고 생각되면 그때는 옆의 사람으로 시선을 옮겨라. 그렇게 한 명 한 명 눈을 맞추면서 점점 세력을 넓힐 수 있다. 청자는 화자와 눈이 마주치는 순간, 자신이 청자라는 사실을 인식한다. 일대다의 커뮤니케이션이 아닌, 일대일의 커뮤니케이션으로 받아들이게 되는 것이다.

물론, 회의 내내 청자만 바라볼 수는 없는 노릇이다. 시선을 자연스럽게 처리하려면 4 대 6의 비율로 시선을 배분하라. 회의 자료에 30~40%, 참석자에게 60~70% 정도로 시선을 안배하면 된다. 일단 참석자가 이야기에 흡입되고 나면 다음부터는 당신의 시선을 좇을 것이다. 당신이 자료를 볼 때는 그들도 자료를, 당신이 참석자들을 볼 때는 그들도 당신을 볼 것이란 이야기. 이러한 분위기가 조성되고 나면 참석자들의 시선을 조절하며 회의의 효과를 높이는 일이 가능해진다.

MASTERS OF COMMUNICATION

회의 summary

- 회의의 성패는 준비에 달려 있다. 시간부터 장소, 참석자, 자료까지 빠짐없이 체크하라.

- 회의에 앞서 주장에 대한 핵심을 정리하는 것은, 자신을 설득하는 과정이다. 주장에 대한 자료를 모으고, 생각을 정리하면서 자신의 논리를 더욱 확고히 세울 수 있다.

- 이야기의 강약을 조절해서 핵심을 부각시켜라. 분위기를 장악하는 방법이자, 핵심을 빠르고 정확하게 전달하는 방법이다.

- 질문은 강력한 커뮤니케이션 도구다. 준비가 불충분한 상대를 공략하는 데도, 상대가 당신의 의견을 곱씹게 만드는 데도 유용하다.

- 상대방의 말을 주의 깊게, 끝까지 듣는 것은 회의 참석자에 대한 배려이자, 회의를 성공으로 이끄는 길이다. 경청하라.

- 들으면서 메모하고, 이를 토대로 반박하라.

- 경청의 효과를 높이려면 고정관념을 버리고, 상대와 시선을 맞춰라. 상대가 먼저, 더 많이 말하게 하는 기술도 필요하다.

- 회의를 주도하고 싶다면 '포커페이스'가 되라.

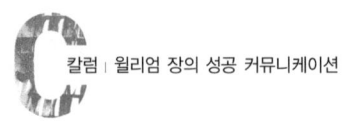
칼럼 | 윌리엄 장의 성공 커뮤니케이션

즉결즉행으로 움직여라

40대 후반의 김 모씨는 정부 고위 공무원이다. 남들로부터 부러움을 한 몸에 받는 성공적인 인생을 살고 있지만, 가슴 한구석에는 남모를 고민을 지니고 있었다. 그는 사람들 앞에서 말을 하는 데 자신이 없었다. 심지어 회식자리에서도 대화에 잘 끼지 못해 외톨이가 되곤 했다. 더 이상 이렇게 지낼 수는 없는 노릇이었다.

김씨가 나의 연구소를 찾아온 배경이다. 당시 전북 전주에서 근무하던 그는 적지 않은 교통비를 감수하고, 매주 서울에 올라와 교육을 받았다. 말만 잘할 수 있다면, 그 정도는 아무것도 아니란 생각에서였다. 그렇게 몇 년이 흐른 지금, 그는 한 달에 한두 번씩은 동기부여 강의를 하는 명강사가 되었다.

"아! 이걸 격세지감이라고 하는구나!" 김씨는 현재의 자신을 자랑스럽게 여긴다. 그리고 예전의 자신과 같은 고민에 빠진 사람들에게 다음과 같은 조언을 건넨다.

첫째, 무조건 행동하라_ 김씨는 커뮤니케이션 능력을 향상시켜야겠다고 결심한 순간, 나를 찾아왔다. 전주에서 서울까지, 그 먼 거리를 한달음에 달려왔다. 일단 실천에 옮겨야 뭐가 돼도 될 것이라는 판단에서였다. 그는 '나도 말을 잘하고 싶다'라고 아무리 고민해 봐야 소용없다고 강조한다. 결심이 섰다면 바로 행동에 옮겨야 한다는 것이다. 실천이 따르지 않는 결심은 공허한 울림에 지나지 않는다는 것이 그의 주장이다.

둘째, 커뮤니케이션 기법을 활용하라_ 김씨는 커뮤니케이션은 기술의 싸움이라고 말한다. 화려한 미사여구를 사용하는 것보다 상대와 상황에 따라 적절한 기술을 사용하는 것이 훨씬 효과가 크고, 성공적으로 커뮤니케이션을 이끌 수 있다는 설명이다. 경청, 칭찬, 핵심 전달 등, 같은 기술이라도 상황에 따라 쓰임새가 조금씩 다르다. 그 미묘한 차이를 공부하고 활용할 줄 알아야 커뮤니케이션의 달인이 될 수 있다.

셋째, 스승을 구하라_ 인기 그룹 SG워너비는 데뷔 전에 전문 보컬 트레이너로부터 체계적인 코칭을 받았다. 세계적인 프로골퍼 박세리, 수영선수 박태환 등 성공한 사람들의 뒤에는 반드시 훌륭한 스승이 있게 마련이다. 김씨는 커뮤니케이션의 달인이 되는 비결 역시 같은 이치라고 설명한다. 즉 커뮤니케이션 분야에 정통한 스승을 찾으면, 달인의 길에 더욱 가까워진다는 것이다. 스승은 전문교육기관이 될 수도 있고, 한 권의 책이 될 수도 있다. 혹은 커뮤니케이션에 능한 주변 사람일 수도 있을 것이다. 어쨌거나 조언을 구할 스승을 찾고, 성심성의를 다해 배우는 것이 중요하다.

MASTERS OF COMMUNICATION

원하는 것을 얻어내는
커뮤니케이션 기술

협상

협상 기술은 비즈니스를 내게 유리한 쪽으로 끌어가기 위해 필요한 커뮤니케이션 기술이다. 내게 유리한 일이 상대에게는 불리한 일이 될 수도 있기에, 밀고 당기며 상대를 설득하는 고도의 테크닉이 요구되는 커뮤니케이션 분야이기도 하다. 어렵지만, 당신이 원하는 것을 얻어내기 위해서는 반드시 거쳐야 할 과정이라 할 수 있다.

협상이라고 하면, 거창한 이미지를 떠올리는 사람이 많을 것이다. 회사의 합병을 논하는 CEO들, 무역 개방을 두고 설전을 벌이는 양국의 대표들처럼 뭔가 중대하고 심각한 분위기 말이다. 하지만 협상이 꼭 그렇게 무겁고 진중한 자리에서만 이루어지는 것은 아니다. 세계 최고의 협상 전략 전문가인 허브 코헨 Herb Cohen 은 "인생의 8할은 협상"이라고 주장한다. 직장인들의 연봉 교섭부터 결혼, 심지어 물건을 사는 일까지, 모두 협상의 영역에 포함된다는 것이다.

실제로 우리가 살고 있는 세계, 특히 비즈니스 세계는 협상을 중심으로 돌아간다. 해당 업무를 누가 맡을지를 조율하는 과정, 기획안을 통과시키는 과정, 다른 회사와 거래를 성사하는 과정 들이 모두 협상의 영역이라 할 수 있다. 내가 원하는 것을 얻어내기 위해 상대와 의견을 조율하는 모든 과정이 바로 협상인 것이다.

프로페셔널하게 보여라

이창환 동서식품 대표는 한 언론과의 인터뷰에서 "직원들에게 늘 3P를 강조한다"고 밝혔다. 인기 있는 Popular 사람, 프로페셔널 Professional 한 사람, 열정 Passion 을 가진 사람이 되어야 한다는 뜻이다.

비즈니스 세계에서 살아남기 위해 꼭 알아야 할 지침이 아닌가 싶다. 특히 글로벌 경쟁 시대에 돌입하면서, 프로의 중요성은 더욱 커지고 있다. 수많은 경쟁자를 따돌리기 위해서는 자신이 맡은 분야에서 전문가가 되어야 한다. 그래야 인정받을 수 있고, 성공할 수 있다. 즉 프로가 되는 일은 비즈니스 세계에서의 생존 전략이라 할 수 있는데, 협상에서도 마찬가지다.

영업팀에 입사한 지 얼마 안 된 신입사원 이 모씨는 바로 며칠 전에 큰 거래를 성사했다. 회사에서도 거의 포기한 거래였고, 그렇기에 '될 대로 되라'는 심정으로 신입사원에게 떠넘긴 일이었다. 그런데 그가 기적처럼 성공한 것이다. 사람들은 놀라움을 금치 못하며, 이씨에게 비결을 물었다.
"별것 없습니다. 그냥 얕잡아 보이지 않으려고 일부러 강하게 나갔습니다. '나는 프로다. 당신이 만만하게 볼 상대가 아니다'라고 기선을 제압했더니 이야기가 술술 풀리던데요."

성공의 비결이라기엔 너무 맥 빠지는가? 하지만 이것은 아주 중요한 지침이다. 사람들은 프로에 약하다. 일정 영역에 대해 전문적인 지식과 이론으로 무장한 사람, 오랜 연륜과 경험을 통해 산지식을 쌓은 사람에게는 섣불리 '태클'을 걸지 못한다. 잘못 건드렸다가는 자신이 당할 수 있기 때문이다. 그렇기에 상대가 당신을 프로라고 인식하면 쉽게 덤비지 못한다. 이것은 기선을 제압한다는 점에서 중요하다. 커뮤니케이션의 흐름을 초반부터 내 쪽으로 돌리면, 그만큼 원하는 결과를 이끌어내기도 쉬워진다.

또한 상대가 당신을 프로라고 인정하는 순간은 신뢰가 싹트는 순간이기도 하다. 함께 비즈니스를 논할 만한 사람, 무언가를 얻을 수 있는 사람으로 인식되는 것이다. 비즈니스 세계는 냉혹하다. 상대가 나보다 부족하거나 얻어낼 거리가 없는 사람이라고 판단되면 등을 돌리는 일이 대부분이다. 상대가 당신을 인정하고 믿게 만들려면, 그래서 당당히 비즈니스 파트너로 인정받으려면 당신은 프로가 되어야 한다.

장소와 시간 선정부터 주도하라

시간과 장소는 협상을 이끄는 데 매우 중요한 요소다. 다른 기업과 신제품 개발을 두고 협상을 진행한다고 가정해보자. 아무래도 당신의 활동 공간, 즉 당신이 다니고 있는 회사에서 협상을 벌이는 편이 여러모로 유리하다. 이것은 스포츠에서 홈경기와 원정 경기의 차이를 생각하면 이해하기 쉬울 것이다. 홈에서 경기를 치르면, 일단 응원군의 수가 다르다. 지지하는 사람이 많기에 그만큼 힘이 날 수밖에 없으며, 심리적으로도 안정된다. 이동할 필요가 없기에 체력이 축날 일도 없다.

협상에서도 마찬가지다. 평소 생활하던 공간이 아닌 새로운 공간에서는 긴장감을 느끼기 마련이다. 안정을 되찾기까지 짧든 길든 시간이 소요되고, 그 시간 동안 상대에게 주도권을 빼앗길 수 있다.

이러한 원리를 제대로 알고 활용하는 데는 중국인들을 따를 수가 없을 것 같다. 그들은 외국인 바이어와 협상을 할 때, 늘 중국에서 진행하기를 요구한다. 바이어들이 이국땅에서 의사소통의 어려움, 생활의 불편함, 체류 경비에 대한 부담감으로 조급함을 느끼리란 사실을 잘 알기 때문이다. 지친 외국인과 여유로운 중국인, 둘 중 누가 유리한 고지를 점령할지는 불 보듯 뻔한 일이다.

협상 약속을 잡을 때는 나에게 유리한 시간과 장소가 어디인지를 우선 파악하라. 그리고 당신이 원하는 방향으로 약속을 잡도록 밀어붙여라. 이것이 프로들의 업무 방식이다. 한 가지 주의할 점은 절대 강압적으로 보여서는 안 된다는 것. "제가 찾아뵙는 게 예의인 줄 압니다만, 그날 회의가 연속으로 잡혀 있어서 이동하기가 힘들 것 같습니다. 힘드시겠지만 이쪽으로 방문해주실 수는 없을까요?"라는 식으로 최대한 예의를 차려 상대의 동의를 구해야 한다. 상대가 수긍할 수밖에 없는 이유를 만들어, 당신의 목적을 달성하는 지혜가 필요하다.

한편 협상 당일에는 옷차림에도 신경을 써야 한다. 옷차림은 또 다른 당신이다. 즉 상대는 옷차림을 통해 당신의 성격이나 기호를 파악하려고 한다. 상대가 당신을 읽을 수 없도록 최대한 평범하게 입어야 한다. 튀는 디자인의 넥타이나 화려한 색상의 와이셔츠는 피해라. 개성이나 취향이 드러나는 액세서리는 착용하지 않는 것이 좋다. 심지어 반지나 시계 같은 것도 착용을 피하는 편이 낫다. 안경을 쓰는 것은 괜찮은데, 당신의 시선이나 눈동자의 흔들림을 감출 수 있기 때문이다.

전문용어로 제압하라

상대를 설득할 때는 반드시 주장에 따른 이유와 근거를 들어야 한다. 너무 당연한 이야기라고? 하지만 당연한 것일수록 놓치기 쉽다. 실제로 협상 테이블에 나가 보면, '무대뽀'로 자기의 주장만 밀어붙이는 사람들을 종종 발견할 수 있다. 공부가 부족한 탓이다.

　타당한 이유와 근거는 철저한 조사와 연구에서 나온다. 해당 주제에 대해 심도 깊게 공부하고, 객관적인 자료를 준비해 협상에 임해야 한다는 말이다. 예를 들어 연봉 협상을 할 때도 자신이 올린 실적, 회사에 대한 기여도 등을 수치화해서 보여줄 필요가 있다. 동종업계에서 같은 직급의 사람은 얼마를 받는지 등의 데이터를 근거로 제시하는 방법도 효과적이다. 그저 "나는 정말 열심히 일했다" 등의 막연한 주장으로는 승산이 없다. 회사에서는 오직 '실적'으로 직원을 평가한다. 그가 아무리 갖은 노력을 기울였다고 해도, 결과가 눈에 보이지 않는다면 인정받기 힘들다.

　더욱이 협상에 앞서 공부를 하다 보면, 관련 주제에 관한 전문용어를 많이 익힐 수 있다는 장점도 있다. 커뮤니케이션에서는 누구나 이해할 수 있는 쉽고 간단한 표현을 사용하는 것이 기본이다. 그런데 협상의 경우는 조금 다르다. 어렵고 전문적인 용어가 더욱 효과가 좋은 것이다. 전문용어의 사용은 당신이 해당 분야에 정통하다는 메시지를 우회적으로 전달하는 방법이다.

　조금 다른 경우이긴 하지만, 와인 애호가들이 많아지면서 와인 관련 서적이 붐을 이루는 현상도 같은 맥락에서 해석할 수 있다. 빈티지 Vintage(와인을 제조하기 위해 포도를 생산한 연도), 디캔팅 Decanting(병에 있는 와인을 마시기 전, 침전물을 없애기 위해 깨끗한 용기(디캔터)에 와인을 옮기는 것)처럼 와인 전문용어를 능숙하게 사용해야 와인에 조예가 깊다고 인정받을 수 있으므로, 책을 읽으며 공부하는 사람들이 늘어나는 것이다.

　즉 철학자 베이컨 Francis Bacon 이 남긴 "아는 것이 힘이다"라는 명

언은 협상에서도 그대로 적용되는 교훈이다. 사람들은 당신이 아는 지식만큼 당신을 인정한다. 게다가 당신이 말한 단어의 뜻을 상대가 모른다면, 효과는 극대화된다. 단어의 의미를 추측하느라 협상에 집중하지 못할 때를 노려서 공격하면 승기勝氣를 거머쥘 확률이 높아진다.

굳이 전문용어를 사용하지 않더라도 협상에서 사용하는 용어는 명확해야 한다. 애매모호한 표현은 괜한 오해를 불러일으킬 수 있기 때문이다. 불가피하게 의미가 불분명한 단어를 사용할 때는, 상대에게 구체적으로 뜻을 설명해서 오해의 소지를 사전에 막도록 하자.

상대의 제안에 바로 답하지 마라

《전쟁의 기술》은 비즈니스와 인생을 전장戰場으로 비유하며, 적을 물리치고 승리하기 위한 전략을 소개한 책이다. 이 책에 실린 33가지의 전략 중 협상과 연관해서 생각할 수 있는 부분이 있다. 바로 '평정심'에 대한 이야기다. 책은 "전투의 열기에 대처하기 위해 당신을 무장시키는 최선의 것은 더 많은 지식이나 지성이 아니다. 정신을 더 강하게 하고, 감정을 더 잘 조절할 수 있게 해주는 것은 내면의 규율과 강인함이다"라고 설파한다.

협상에서도 그렇다. 어떤 상황에서든 자신을 통제하고 조절하는 능력이 요구된다. 협상에서는 먼저 속을 드러내는 자가 패하기 마련이다. 그렇기에 그 어떤 상황에서도 평정심을 유지하며, 자신의 의중을 철저하게 숨겨야 한다.

특히 상대의 제안에 즉시 답해서는 안 된다. 당신이 바로 "Yes"

를 하면 그때부터 상대는 더 이상 좋은 조건을 제시하지 않는다. 현재의 조건에서 더 낮추려는 시도만을 할 뿐이다. 반대로 당신이 곧장 "No"를 하면 상대의 기분을 상하게 할 수 있다. 타협의 여지를 두지 않는 사람이라고 판단해서, 협상 자체에 대한 의욕을 잃을 수도 있다. 그러니 상대가 내놓은 조건이 마음에 들든, 들지 않든 일단 답변을 유보하고 생각하는 시간을 가져야 한다.

그런데 우리나라 사람은 이러한 답변의 완급 조절에 유독 약하다. 상대의 제안에 충분히 심사숙고하지 않고 바로 답변을 내놓는 경우가 허다하다. 실제로 외국에서는 한국인의 협상 특성을 '감정적이고 급하다'라고 정의한다. 상대의 의견에 논리보다는 감정으로 맞서고, 빨리 결론을 맺으려 서두른다는 정평이다.

이것이 한국인의 일반적인 협상 특성이라고 하더라도, 변명의 근거가 되지는 않는다. 협상에서는 끝까지 여유로운 자가 유리하다. 조급함을 감추고, 느긋하게 협상을 리드하는 자세가 필요하다.

그런 의미에서 말의 속도와 억양에도 평정심이 요구된다. 속도와 억양을 일정하게 유지해야 한다는 뜻이다. 당신의 표정, 말의 속도와 억양에는 당신이 느끼고 있는 감정이 고스란히 드러난다.

예를 들어, 상대가 당신에게 유리한 조건을 제시했을 때 당신은 분명 희열과 흥분을 느낄 것이다. 상대가 마음을 바꾸기 전에 협상을 끝내야 한다는 조급함이 들지도 모른다. 이럴 때 대부분의 사람들은 말이 빨라지고, 억양이 높아진다. 그 순간, 게임은 끝이다. 당신이 조건에 만족한다는 사실을 상대가 눈치 챘기 때문이다. 그때부터 상대는 조건을 조정하며 페이스를 자기 쪽으로 끌어간다. 어떤 대목에서도 동일한 페이스를 유지해야, 상대에게 당신의 속내를 들키지 않을 수 있다는 사실을 기억하라.

TIP | 당신을 프로로 '포장'할 몇 가지 전략

- 악수하는 손에 힘을 실어라 : 첫 대면에서 상대를 손쉽게 제압하는 방법이다. '이번 협상은 만만하지 않을 것'이라는 경고의 의미이기도 하다. 당신의 의중을 파악한 상대는 긴장할 수밖에 없다. 이때 주의할 점은 얼굴에 여유로운 미소를 자연스럽게 지어야 한다는 것.
- 협상 전에 상의를 벗어라 : 싸움이 붙었을 때 옷을 벗는 남자들이 있다. 즉 양복 상의를 벗는 것은 당신의 전투의지를 표현하는 일이다.
- 두리번거리지 마라 : 상대의 회사에서 협상을 진행하게 되었을 때 필요한 전략이다. 처음 가보는 장소가 낯설고 생경하더라도 두리번거리지 마라. 불안하고 초조하게 비칠 수 있다. 마치 익숙한 공간인 것처럼 자연스럽게 행동해야 만만하게 보지 않는다.

윈-윈은 전략이다

당신은 왜 협상을 하는가? 이 질문에 대한 대답은 제각각이겠지만 아마 대부분이 "내가(혹은 회사가) 원하는 것을 얻기 위해서"라고 답하지 않을까 싶다. 그렇다. 비즈니스에서 협상은 '이익'을 전제로 진행된다. 하지만 유의할 사실이 한 가지 있다. 상대 역시 같은 생각으로 협상에 임한다는 점이다. 상대 또한 당신에게서 무언가를 얻어내고자 한다는 말이다.

그렇기에 협상은 한 쪽이 모든 것을 얻을 수 있는 게임이 아니다. 협상은 철저하게 '기브 앤 테이크 Give and Take'로 이루어진다. 덜 주고 더 주고의 차이만 있을 뿐이며, 바로 이 차이에서 협상의 성패가 갈린다. 더 많이 받고, 더 적게 주는 것이 이기는 협상이지만 나만 이익을 취하고, 상대는 손해만 보는 협상은 거의 불가능하다.

미국 대통령이 조언을 구하는 협상 코치로 유명한 짐 토머스 Jim Thomas는 《협상의 기술》에서 "윈-윈 협상은 효과를 볼 수 있는 유일한 협상이다. 윈-윈 협상은 합의에 대한 담보를 추구하고, 결론짓고, 유지하는 유일한 방법이다"라고 강조했다. 협상에 참여하는 사람들이 모두 이익을 취하는 협상이 최고의 협상이라는 주장이다.

물론 현실적으로 윈-윈 협상은 불가능하다. 한 쪽이 더 많이 가져가면, 한 쪽은 덜 가져갈 수밖에 없다. 하지만 윈-윈이라고 생각하게 만드는 일은 가능하다. 즉 실제로는 당신이 유리한 방향으로 협상을 매듭지으면서, 상대가 충분히 이익을 취했다고 생각하게 만들 수 있다는 이야기다.

흔히 연애를 할 때 '밀고 당기기'가 중요하다는 말을 하는데, 협상에서도 그렇다. 무조건 '퍼주는' 협상을 진행할 사람은 없다. 내가 얻는 것이 있다면, 상대도 얻는 것이 있어야 한다. 그렇기에 협상에서 요구되는 전략 중 하나는 '양보의 기술'이다. 상대를 만족시키면서 자신에게 유리한 쪽으로 협상을 끌어가기 위해서는 적절하게 양보할 줄도 알아야 한다. 무조건 자신의 주장만 펼친다면 협상은 아무런 소득 없이 결렬될지도 모른다.

양측이 한 치도 양보하지 않고, 협상이 논쟁으로 번질 때는 최대한 감정을 정리하고, 타협으로 이끌 방안을 고민하라. 서로가 실익을 얻을 수 있는 방법이 무엇인지 고민하고, 윈-윈 할 수 있는 방향을 제시해야 한다.

일단 양보로 시작하라

대부분의 협상에서 중요한 내용은 중반부쯤부터 나온다. 초반에는 서로의 눈치를 살피고, 의중을 떠보느라 가벼운 이야기가 오가기 마련이다. 어차피 핵심 논의가 이루어지지 않으므로 처음에는 최대한 양보하는 것이 좋다. 양보를 받으면 양보를 하게 되는 것이 사람의 심리이기 때문이다.

《설득의 심리학》의 저자인 로버트 치알디니는 이를 '상호성의 법칙'이라고 설명한다. 우리 사회에는 '호의를 받으면 갚아야 한다'는 생각이 뿌리 깊게 박혀 있어서, 빚진 상태를 불유쾌하게 느끼도록 조건화되어 있다는 것이다. 즉 양보로 시작하는 전략은 작은 것을 내주고 큰 것을 취하는 데 효과적이라 할 수 있다.

더욱이 상대의 요구를 순순히 들어주는 일은 그를 방심하게 만드는 전략이기도 하다. 협상이 순조롭게 이루어지고 있다고 상대가 마음을 놓는 순간이 기회다. 이때 본격적으로 의견을 개진하면 그만큼 목적을 달성하기가 쉬워진다.

그렇다고 양보의 기술을 반드시 협상 초반에만 구사할 필요는 없다. 협상 중간 중간에도 이 기술을 적절히 사용하면, 결과를 유리하게 이끌 수 있다. 예를 들어 당신과 상대가 양보할 부분을 같이 언급하는 방법이 있다. "투자비용을 늘려주신다면, 우리 쪽에서 인원

충원을 담당하겠습니다.", "가격을 높게 책정해드릴 테니, 다른 상품을 같이 공급해주셨으면 합니다." … 당신이 양보할 부분을 언급하면서 상대에게 양보를 요구하면, 상대도 쉽게 거절하지는 못한다. 다음은 양보의 기술을 더욱 효과적으로 사용하기 위해 알아야 할 지침이다.

첫째, 양보할 수 없는 항목을 미리 정하라_ 당신(혹은 당신의 회사)이 절대 양보해서는 안 될 부분을 정하라. 회사의 대표로 협상에 나서는 경우라면, 상사와 미리 논의해서 마지노선을 결정하라. 설사 협상에서 진다고 하더라도 손해를 최소화할 수 있는 방법이다.

둘째, 한 번에 모든 것을 양보하지 마라_ 너무 쉽게 이루어지는 양보는 상대를 만족시키지 못한다. 한 번에 상대의 요구를 모두 들어주면, 상대는 계속 더 큰 것을 요구하게 된다. 작은 것에서 큰 것 순으로 시간을 두고 양보하라.

셋째, 양보한 내용을 거듭 강조하라_ 당신이 양보한 부분은 철저히 우려먹어라. 상대에게 무언가를 요구할 때마다 당신이 양보한 내용을 언급하라는 말이다. 단, 한 가지 내용을 자주 언급하면 효과가 떨어지니 주의하라.

상대의 체면을 세워줘야 이긴다

협상이 잘 이루어지고 있다고 생각했는데, 마무리 단계에서 결렬되는 경우가 있다. 합의 직전까지 갔다가 무산이 되는 어처구니없는 상황이 발생하기도 한다. 대체 무슨 연유일까? 협상 전략가 로

저 도슨Roger Dawson에 따르면, 상대의 자존심 때문일 가능성이 높다. 손해를 보는 것은 아니지만 뭔가 당신에게 졌다는 느낌이 들었을 때, 혹은 자존심에 상처를 입었을 때 협상가는 협상을 포기한다고 한다.

실제로 상대의 자존심을 다치게 한 바람에 실패한 협상의 사례가 있다. 사연은 이렇다. 미국 뉴저지주 애틀랜틱시티에 카지노 건설이 허용되자, 부동산 개발회사는 주민들과 협상을 벌이기 시작했다. 그런데 한 부인이 집을 팔지 않아 건설 계획 자체가 수포로 돌아가는 상황이 발생했다. '그깟 집에 이 정도 액수면 횡재'라는 듯이 가격만 높게 부르는 회사 측의 태도가 그녀의 기분을 상하게 만든 것이다. 자존심에 금이 간 그녀는 '횡재'를 단칼에 거절했다.

협상에서 가장 큰 화두는 역시 가격이나 조건이지만, 때로는 협상가의 심리가 중요한 변수로 작용하곤 한다. 자신의 체면이 구겨졌다고 생각할 때, 모든 손해를 감수하고서라도 협상을 포기하는 사람이 있는 것이다.

이러한 사태를 방지하기 위해서는 상대의 체면을 세워줄 필요가 있다. 상대의 조건을 승낙할 때, 그의 능력을 인정하면서 칭찬해보자. "정말 박 실장님에게는 당할 재간이 없군요. 알겠습니다. 가격은 그렇게 하죠. 대신 공급 물량은 조금 늘려주셔야 합니다"처럼 말이다. 이는 상대의 기분을 띄우면서 당신의 요구를 관철하는, 일석이조의 효과를 가져오는 전략이다. 이 전략은 특히 협상의 마지막에 사용하는 것이 좋다. 상대에게 자신의 능력으로 이익을 얻었다고 생각하게 함으로써, 만족을 안겨줄 수 있다.

상대의 이익을 부각하라

협상에 임하는 최대의 목적은 이익을 취하는 것이다. 협상에서 서로가 목적을 달성했다면 더 이상 싸울 필요가 없다. 그러니 협상을 진행할 때는 상대가 얻게 되는 이익을 중점적으로 언급하라. 누구든 만족을 느끼면 전의가 사라지는 법이다. 상대방의 완고한 태도가 누그러지면 당신의 주장이 받아들여질 가능성도 높아진다.

그런데 상대방에 대한 이익을 부각하기보다는 자신의 이익에만 더 많은 관심을 갖고, 오로지 이를 쟁취하고자 협상에 임하는 사람들이 많다. 강하면 부러진다는 말이 있듯이 협상에서도 자기의 의견만 고집하면, 오히려 아무것도 얻지 못할 수 있다. 서로가 상생하는 협상이 가장 바람직한 협상이라는 점을 염두에 두고, 상대가 취하게 될 이익을 부각해야 한다. 이때 주의할 점은 당신이 강조하는 상대의 이익이 정말 상대가 원하는 이익이어야 한다는 사실이다. 이에 대해서는 크리스토퍼 힐 Christopher R. Hill 미 국무 차관보의 협상 기술을 참고할 필요가 있다.

〈워싱턴 포스트〉에 힐 차관보의 협상 기술을 평가한 기사가 실린 적이 있다. 신문은 '협상 상대방의 목표를 파악한 뒤 자신의 이익과 부합되는 선에서 상대가 목표를 달성할 수 있도록 도와주는 것'을 그의 협상 비법으로 소개했다.

상대방이 원하는 것이 무엇인지를 간파하면, 협상의 주도권을 움켜쥐고, 테이블을 장악할 수 있다. 상대가 던지는 미끼에 동요하지 않게 되며, 그의 약점을 공격해 협상을 유리한 방향으로 이끌 수 있다. 상대와 내가 공통적으로 얻을 수 있는 이익을 찾는 일, 즉 윈-윈 협상도 가능해진다.

그렇기에 협상에서 가장 먼저 행해야 할 과제는 상대의 목표, 그가 얻고자 하는 이익을 분석하는 일이다. 그리고 상대의 목표를 알았다면, 이를 적극적으로 활용해야 한다. 당신의 요구와 조건을 상대의 이익과 부합시켜 설명하는 것이다. 가령 투자 유치에 관한 협상이라면 "우리 쪽에 투자를 하시면, 귀사의 취약점이었던 기술력이 해결될 수 있습니다"라고 어필할 수 있다.

Yes와 No를 정확히 표현하라

GE의 전 CEO 잭 웰치는 "리더라면 Yes와 No가 분명해야 하고, 왜 이런 결정을 했는지 투명하게 설명할 수 있어야 한다"고 강조했다. 리더의 자질에 대한 지침이지만, 협상에도 고스란히 적용할 수 있다.

상대의 의견에 무조건 찬성하거나 무조건 반대하는 태도는 지양해야 한다. 의견을 계속 고수할 거라면 협상 자체가 의미 없지 않은가? 찬성과 반대를 정확히 구분해 표현하며, 당신의 의견을 상대에게 확실히 알려야 한다. 물론 때로는 당신의 의사를 모호하게 밝혀 상대를 헷갈리게 만들 필요도 있다. 하지만 결정적인 순간에는 호불호好不好를 명확히 표현하라. 절대 받아들일 수 없는 사안은 단호하게 거절해야, 상대도 이내 포기하고 다른 조건을 내놓는다. 거절 의사를 제대로 밝히지 않으면, 쓸데없는 논쟁으로 시간을 낭비할 수 있다.

중요한 안건을 논할 때는 'Yes'와 'No'를 분명히 밝혀라. 여기서 명심해야 할 사항은 Yes와 No를 표할 때도 감정이 개입된 느낌이

나 이미지를 주어서는 안 된다는 사실이다. 반대의 입장을 표해야 할 경우에는 왜 반대하는가에 대해, 타당한 논리와 근거로 상대를 설득해야 한다.

Yes나 No가 불분명하면 협상을 마무리 지었는데도 불구하고 의견이 분분할 수가 있다. 가령 본인은 Yes를 한 적이 없는데 상대방은 Yes를 한 것으로 알고 있는 경우도 생길 수 있다. 이런 경우에 대비해 문서로 각 항목들을 정리해야 한다. Yes 또는 No 부분에 대하여 확실히 기록한다면, 결과에 대한 잡음을 미연에 방지할 수 있다.

침묵은 최고의 방어다

전자회사에 다니는 남 팀장은 '협상의 달인'으로 소문이 자자하다. 어떤 협상에 나가든 원하는 결과를 얻어내는 그는 백전백승의 신화를 이어가고 있다. 회사에서 포기한 협상도 남 팀장이 나가면 대부분 성공적인 결과를 가져온다. 더욱이 상대측에서도 결과에 만족을 표하니, 잡음이 생기거나 난처한 상황도 발생하지 않는다. 덕분에 회사에서 그의 입지는 날로 탄탄해지고 있다.

그의 성공 비결은 무엇일까? 회사 내에는 "아주 위협적으로 상대를 몰아붙인다", "청산유수처럼 말을 술술 잘한다" 등 남 팀장의 협상 능력에 대한 소문과 추측이 나돌고 있다. 그런데 막상 그와 함께 협상을 진행했던 사람들은 한결같이 "남 팀장은 협상 테이블에서 별로 말이 없다"고 설명한다.

도대체 어찌된 일일까? 말을 하지 않으면서 협상을 유리한 방향으로 이끄는 일이 가능할까?

결론부터 이야기하자면 가능하다. 언뜻 협상을 유리하게 이끌기 위해서는 자신의 생각을 지속적으로 주장해야 한다고 생각하기 쉽다. 하지만 그 반대다. 말을 많이 하면, 그만큼 속내를 많이 드러내게 된다. 의도를 들키면 협상을 내 뜻대로 끌어가기가 힘들다. 남 팀장이 말을 아낀 이유도 여기에 있다. 그는 일단 상대의 발언을 충분히 들으면서, 그의 진의를 파악하는 데 힘썼다. 그리고 그에 대한 자신의 생각을 정리한 뒤에야 비로소 입을 열었다. 주장을 조목조목 반박하니, 상대도 손을 들지 않을 수 없었던 것이다.

남 팀장의 '침묵 전략'은 수세에 몰릴수록 더욱 빛을 발했다. 협상 과정에는 여러 가지 변수가 발생한다. 당신이 미처 생각하지 못했던 허점을 상대가 지적할 수도 있고, 상대의 논리적인 주장에 반박할 이야기를 찾지 못할 수도 있다. 그럴 때는 어떻게 해야 할까? 도무지 할 말이 떠오르지 않을 때는?

가장 좋은 방법은 침묵이다. 어떤 말이라도 해야겠다는 생각으로, 채 정리되지 않은 의견을 내놓았다가는 그대로 침몰할 수 있다. 궁지에 몰려 아무 말이나 내뱉는 것은 당신의 패배를 인정하는 일이나 다름없다. 그럴 때는 차라리 입을 다문 채 생각을 정리하는 편이 생산적이다. 승산이 없는 공격은 맞붙기보다는 피하는 편이 현명하다. 남 팀장 역시 분위기가 불리할 때는 굳이 상황을 역전시키려고 노력하기보다 일단 침묵했다. 냉정하게 상황을 판단한 후에 다시 협상을 진행했던 전략이 그의 성공을 도운 것이다.

내가 경청하면 상대도 경청한다

침묵이 필요하다고 해서 무조건 입을 다물라는 이야기는 아니다. 입은 닫되 귀는 열어야 한다. "Best speaker is a best listener!"라는 말이 있듯, 최고의 커뮤니케이터는 늘 상대의 말에 귀를 기울인다.

그렇다면 왜 귀를 기울여야 하는가? 당신이 상대의 이야기를 경청하면, 상대도 당신의 이야기를 경청하기 때문이다. 기브 앤 테이크, 주는 만큼 받는다는 논리가 커뮤니케이션에도 그대로 적용되는 것이다. 바꿔 말해 상대가 당신의 이야기를 들어주기 바란다면, 당신도 상대의 이야기를 들어줘야 한다.

경청의 대가로는 드골 프랑스 전 대통령을 꼽을 수 있다. 그는 토론이나 협상, 연설에서 뛰어난 능력을 선보였는데, 비결이 바로 경청이었다. 드골은 상대가 "내가 할 말은 다 했으니 이제는 당신이 말할 차례요"라고 할 때까지 일단 침묵하고 상대의 말을 들었다. 그리고 송곳 같이 날카로운 의견으로, 협상을 성공적으로 마무리 지었다. 루즈벨트나 처칠, 스탈린 같은 당대 최고의 국가원수들과 협상을 벌이면서 한 번도 실패한 적이 없을 정도다.

물론 드골 전 대통령이 협상에서 승리한 비결이 단순히 잘 듣는 데 있었던 것은 아니다. 그는 이야기를 들으면서 상대의 의도와 이야기의 핵심을 파악하고, 반박할 근거를 준비했다. 즉 그에게 경청은 '상대를 읽는 일'이었던 셈이다.

이것이 당신이 익혀야 할 경청의 포인트다. 상대의 이야기에 집중하면서 그의 본의를 파악해야 한다. 협상 테이블에 나온 사람은 철저히 자신의 의도를 숨기려고 든다. 신경을 곤두세우고 찾지 않는 이상은, 그의 의중을 알기 힘들다. 자신의 생각에 빠져 상대의 의견을 흘려들으면 협상에서 성공을 거두기 어렵다는 사실을 명심하라.

TIP | 효과적인 경청의 기술

- 핵심을 담은 단어를 찾아라 : 상대가 반복해서 언급하는 단어, 유난히 힘주어 말하는 단어는 상대가 강조하고자 하는 핵심일 가능성이 높다. 그 단어를 찾으면, 상대의 목표를 파악하기가 쉬워진다.
- 표정을 읽어라 : 표정에는 감정이 묻어나기 마련이다. 이야기를 들으면서 상대가 어떤 표정을 짓고 있는지 세심하게 살피면, 그의 진심을 알 수 있다.
- 화법을 분석하라 : 상대가 어떤 식으로 논지를 전개하는지 분석하라. 3단 논법, 변증법 등 상대가 유난히 자주 쓰는 전개법이 있을 것이다. 가장 효과적이고 논리적이라는 생각에서 사용하는 것이므로, 당신이 같은 식으로 이야기를 전개하면 상대에게 당신의 주장이 타당하다는 인상을 심어줄 수 있다.

수세에 몰리면 자리를 피하라

약점을 지적당하면 누구나 발끈한다. 하지만 협상 테이블에서는 기분이 상했다고 해도 발끈해서는 안 된다. 그것은 상대가 던진 미끼를 받아먹는 일이나 다름없다. 협상에서는 감정을 들키는 자가 패하기 마련이다. 만약 이야기하기 불편한 주제에 초점이 맞춰졌다면, 자연스럽게 화제를 돌려라.

정말 내공이 강한 협상 전문가들은 어떠한 말을 들어도, 어떠한 공격을 받아도 얼굴 표정 하나 변하지 않고 태연자약하게 협상에 임한다. 이러한 여유로움과 대범함은 그 어떤 공격보다 상대에게 미치는 파장이 크다. 공격이 전혀 먹히지 않았을 때 느끼는 당혹감 때문에 상대는 혼란에 빠질 수 있다.

때로는 아예 입을 다무는 것도 방법이다. 사람은 궁지에 몰리수록 이성을 잃는 경향이 있다. 상황을 객관적으로 바라보지 못하고, 흥분해서 일을 그르치는 경우가 허다하다. 아무리 철저하게 준비했다고 해도 협상이 어떻게 진행될지는 미지수다. 진행 과정에서 상황이 당신에게 불리하게 돌아간다면 어떻게 할 것인가? 이때는 일단 입을 다물고 생각을 정리하는 시간을 가져야 한다.

그런데 설상가상으로 침묵에 빠진 당신을 상대가 계속 몰아친다면? 생각을 정리할 틈도 주지 않는다면? 이럴 때는 어떻게 하면 좋을까? 이런 경우 가장 효과적인 방법 중의 하나는 자리를 피하는 것이다. 잠시 화장실에 간다든가, 또는 물을 마신다든가, 담배를 피운다든가 하여 시간을 벌어라. 마음을 가다듬고 협상에 임하면 해결책을 찾기가 쉬워진다.

양측의 의견이 팽팽하게 맞설 때도 휴식시간을 갖는 것이 좋다. 긴장이 고조된 분위기를 완화할 수 있는 방법이다. 역으로 상대가 수세에 몰렸을 때 당신이 먼저 휴식을 제안하는 것도 괜찮다. 무조건 몰아붙이면 오히려 상대를 발끈하게 만들 수 있기 때문이다. 궁지에 몰린 쥐가 고양이를 물 듯이 말이다. 잠시 쉬는 동안 상대는 생각을 정리하고, 당신의 제안을 받아들일 준비를 하게 될 것이다. 협상가에게 휴식시간은 생각을 가다듬고 대책을 마련하는 시간이다. 휴식도 협상의 연장인 것이다.

때론 권위로 제압하라

한 중소기업의 인사팀에서 일하는 허 과장은 평소 온화하고 인자한 성품으로 직원들 사이에서 인기가 좋다. 상사는 물론 부하직원에게도 늘 예의를 갖추기에 칭찬이 자자하다. 하지만 그런 그도 권위적인 모습을 보일 때가 있다. 직원들과 연봉 협상을 진행할 때다.

허 과장은 협상 테이블에만 앉으면, 평소의 모습은 온데간데없이 사라지고 위엄과 권위를 내세운다. 그 누구보다 자신들의 입장을 헤아려줄 것이라 믿었기에 직원들은 배신감마저 느꼈지만, 그의 강경한 태도에 한발 물러설 수밖에 없었다. 비록 직원들의 원성은 샀지만, 늘 회사에서 제시하는 조건을 고수하기에 허 과장의 능력은 날로 인정받고 있다.

더욱이 그가 무조건 권위로 제압하는 것은 아니었기에 직원들의 반발도 거세지는 않다. 허 과장은 결코 자신의 직급을 내세워 부하직원을 설득하지는 않는다. 다만 협상에서 양보나 타협보다는 회사측 의견을 강하게 밀어붙이는 전략을 썼을 뿐이다.

물론 협상은 양측이 동등한 입장에서 진행되어야 한다. 모두에게 이익이 되는 결론을 내리는 협상이 가장 이상적인 협상이다. 논쟁보다는 타협으로, 갈등보다는 화합으로 협상을 이끌어야 한다. 상대가 양보하면 나도 양보해야 한다. 그것이 성공적인 협상이라는 사실은 분명하다.

그런데 가끔은 권위로 제압해야 할 상황도 생긴다. 도무지 해결점이 보이지 않을 때 내리는 극약 처방이다. 우리 쪽의 이익을 최대화해야 할 때 사용하는 전략이기도 하다.

하지만 상대를 위협하거나 몰아붙이는 방법은 최대한 조심스럽게 접근해야 한다. 부작용이 만만치 않기 때문이다. 상대방에게 위협한 대로 실행할 힘이 없거나, 실은 실행할 의지가 없다는 사실을 들키면 신뢰를 잃게 된다. 상대방이 위협 자체에 강한 거부감을 보이며 협상 자체를 결렬시켜버릴 수도 있다. 그러므로 일명 '위협 전략'은 최후통첩의 수단 정도로 사용하는 것이 바람직하다.

빈틈을 찾아 공격하라

협상처럼 뚜렷한 목적이 있는 커뮤니케이션에서는 말을 하는 사람이나 듣는 사람이나 틈을 보이지 않기 위해 긴장하기 마련이다. 한순간의 방심으로 인해, 상황이 역전될 가능성이 있기 때문이다. 하지만 어느 순간에든 빈틈이 드러나기 마련이다. 바로 그 순간을 노려야 한다. 상대가 방심하는 순간이 당신에겐 기회다. 이야기를 하면서도 들으면서도, 상대가 긴장을 푸는 순간이 언제인지를 예의 주시하라.

일례로 상대가 책상 위에 놓인 물건을 만지작거린다면 긴장하고 있다는 의미이다. 일이 뜻대로 풀리지 않거나 머릿속에 생각이 복잡할 때, 사람들은 무의식적으로 이런 행동을 취한다. 생각이 흐트러져 있는 상태이므로, 갑작스레 질문을 던지면 상대를 당황하게 만들 수 있다.

만약 상대가 좀처럼 틈을 보이지 않고, 속내를 드러내지 않을 때는 한 템포 쉬어가라. 개인사라든지 이슈가 되는 시사時事 등 주제와는 벗어난 이야기를 꺼내는 것이다. 상대가 긴장을 풀고 어느 정도 방심했을 때를 노려라. 방어기제가 약해졌을 때는 순간적으로 당황해서 자신의 의도를 발설할 수 있다. 반박할 준비가 미처 갖추어지지 않았을 때를 노려서 핵심을 찌르면, 상대도 어쩔 도리가 없다.

얼마 전 삼성그룹 특검에서 이건희 전 회장을 조사한 모 담당 검사는 그의 방어기제를 푸는 일이 가장 어려웠다고 한다. 그때 검사가 취한 전략은 취미 공략이었다. 이 회장의 취미인 승마로 이야기를 시작하자, 다음부터는 대화가 원활하게 이루어졌다는 것이다. 일단 말문이 열린 후에는 민감한 문제도 쉽게 물어볼 수 있었다고 한다. 이렇듯 개인적인 이야기를 통해 상대가 마음의 문을 열었다고 판단되었을 때, 이를 기회로 핵심을 찌르는 전략도 효과적이다.

선인과 악인을 정하라

협상은 일대일로 진행되기도 하지만, 양측에서 다수의 사람이 나오는 경우도 있다. 만약 당신의 회사 대표로 2명 이상이 참여한다면, 각자의 역할을 구분하도록 하자. 이른바 선인善人과 악인惡人을 나누는 것이다. 서양에서는 'Good Guy, Bad Guy'라고 부르는 협상 전략이다.

협상이 난항을 겪고 있을 때 악인을 맡은 사람이 자신의 의견만을 고집하면서, 상대측을 무차별하게 공격한다. 그러면 선인을 담당한 사람은 그의 실수를 질책하면서, 상대에게 대신 사과를 전한다. 상대의 입장을 최대한 이해하고 배려하는 것도 선인의 역할이다. 상황이 이렇게 전개되면 상대방은 자신에게 우호적이고 합리적이라고 판단되는 선인과 대화를 나누고 싶어 한다. 이미 그에게 마음을 열었기에, 그가 제안하는 내용은 한층 수월하게 받아들여질 수 있다.

사실 협상에서 결렬을 원하는 사람은 없다. 서로 보다 많은 이익을 얻기 위해 대립하긴 하지만, 그렇다고 첨예하게 맞서다가 결국 아무런 결론도 내리지 못하고 끝나는 것을 바라지는 않는다. 그렇기에 상대편 중에서 좀 더 부드럽고 유연한 쪽과 계속 협상을 진행하려고 하는 것이다. 이렇게 주도권이 당신 쪽으로 넘어오면, 그때는 협상을 신속하게 끝내라. 단, 주의할 점은 당신이 주도한다고 해서 무조건 당신에게 유리한 쪽으로 협상을 진행해서는 안 된다는 점이다. 당신의 의견을 최대한 관철하되, 상대가 손해를 봤다는 생각이 들지 않도록 배려해야 한다.

협상 과정에서 최종 승자는 대부분 자기주장을 끝까지 굽히지 않은 사람이 가져간다. 협상을 승리로 이끌었다는 점에서는 이익이나, 상대방에게 '고집스럽고 융통성 없는 사람', '양보할 줄 모르는 이기적인 사람'이라는 인상을 심어준다는 점에서는 손해다. 대부분의 비즈니스 협상은 단발로 그치는 경우가 드물기 때문이다. 단 한 번의 협상으로 적을 만들어버리면, 다음 협상 혹은 비즈니스 자체를 꾸려나가기가 힘들어질 수 있다.

그렇기에 유능한 협상가는 자신이 악역을 떠맡지 않는다. 자신의 팀 중 한 사람을 악역으로 등장시켜 명분도 세우고, 목표했던 이익도 취하는 것이다. 선인의 역할은 협상이 끝난 후 상대와 지속적인 관계를 유지해야 하는 사람이 맡는 편이 좋다.

'만약'으로 자극하라

이야기를 들을 때는 필요와 상황에 따라 곧이곧대로 듣지 않아야 하는 경우도 있다. 경우에 따라 상대가 진의를 순순히 드러내지 않을 수도 있기 때문이다. 그래서 뛰어난 커뮤니케이터가 되려면 이야기에 담긴 숨은 뜻을 찾는 데 집중해야 한다.

상대가 쉽게 본심을 드러내지 않는다면, 이를 유도할 수도 있다. 당신이 상대의 목적이라고 파악한 부분과 반대되는 이야기를 꺼내는 것이다. 당신이 잘못 이해했다고 판단한 상대는 순간적으로 방심하고 본심을 드러낼 가능성이 높다. 이처럼 협상에서는 상대의 의도를 읽으려고 최대한 노력해야 할 뿐 아니라, 경우에 따라서는 상대방의 실수를 유도하는 전략도 써야 한다.

당신의 유도 전략에도 상대가 난공불락일 때는 '만약'이라는 자극요법이 즉효약이다. 당신이 혼신을 기울인 기획의 추진 여부를 두고 회사 임원들과 협상을 하고 있다고 치자. 그런데 상대가 심드렁한 반응을 보인다면?

그때는 "만약 이 기획안이 통과되지 않는다면, 저는 회사를 떠날 생각까지 하고 있습니다. 그만큼 심혈을 기울인 프로젝트이고, 성공에 대한 확신도 있습니다"라며, 협상이 이루어지지 않았을 때의 미래를 암시하는 말이 효과적이다. 상대를 심리적으로 압박하는 것이다. 이때는 '반드시 그렇게 처리하고 말 것이다'라는 의지를 전달할 수 있도록, 말하는 톤이나 얼굴 표정 등에서도 결연함이 보여야 한다.

MASTERS OF COMMUNICATION
협상 summary

- 사람들은 프로에 약하다. 당신을 프로로 포장하면 기선을 제압하기도, 신뢰를 얻기도 쉬워진다. 전문용어로 당신의 정보력과 지식을 어필하라.

- 협상에서는 먼저 속을 드러내는 자가 패한다. 상대의 제안에는 바로 답하지 말고, 시간을 두어라. 말의 속도와 억양을 일정하게 유지하는 것도 중요하다.

- 논쟁보다 타협으로 이끌어라.

- 최상의 협상은 협상에 임하는 사람들 모두가 만족할 수 있는 윈-윈 협상이다. 실제로 윈-윈이 되지 않는다고 하더라도, 상대가 윈-윈이라고 느낄 수 있게 만들어라.

- 양보의 기술은 협상에서 작은 것을 내주고, 큰 것을 얻는 데 효력을 발휘한다.

- 당신이 수세에 몰리거나 양측의 의견이 팽팽하게 맞설 때는 잠시 휴식시간을 가져라. 협상가에게 휴식시간은 생각을 정리하고 대책을 마련하는 시간이다.

- 다수의 사람들이 참여하는 협상에서는 상대를 몰아세울 악인惡人과 상대를 두둔할 선인善人을 정하라. 선인은 되도록 최종의사결정권자 등 상사가 맡는 것이 좋다.

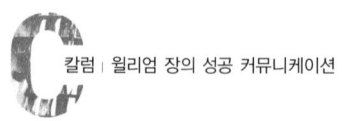

칼럼 | 윌리엄 장의 성공 커뮤니케이션

100일간 올인하듯 몰입하라

서울대 황농문 교수가 집필한 《몰입》이라는 책이 있다. 몰입은 집중보다 한 단계 높은 차원이라고 할 수 있는데, 황 교수는 "몰입 상태에서는 한 가지 목표를 위하여 자기가 할 수 있는 최대 능력을 발휘하는 비상사태가 발동한다. 자신을 초긴장 상태로 만들어 모든 것을 잊고 오로지 한 가지 일에 집중하기 때문에, 잠재된 능력을 최대로 발휘하는 것이다"라고 설명한다.

　나 역시 몰입의 힘을 여러 번 경험했다. 미국 유학을 가기 위해 영어공부를 할 때, 커뮤니케이션 훈련기관을 세우고 강연 프로그램을 짤 때, 그리고 이 책을 쓸 때…. 아무리 시간이 촉박한 상황이라도 몰입해서 진행하면 언제나 바라던 목표 이상의 결과를 얻을 수 있었다. 몰입은 불가능도 가능으로 만드는 엄청난 힘을 지닌 것이다.

　이쯤에서 내가 무슨 이야기를 하려고 하는지 짐작했을 것이다. 그렇다. 커뮤니케이션의 달인이 되기 위해서는 몰입이 필요하다. 나는 당신에게 딱 100일만 몰입을 해보라고 말하고 싶다. 여기서의 몰입이란 현재 하는 일을 그만두고, 커뮤니케이션에만 전념하라는 뜻이 아니다. 다만 커뮤니케이션 기술을 공부하고 연마하는 순간만큼은, 오로지 커뮤니케이션에만 빠져들라는 이야기다.

기간을 100일로 정한 이유는 습관이 몸에 배는 데 적당한 시간이기 때문이다. 100일은 교육과 훈련을 통해 당신을 변화시키고, 그 변화를 습관처럼 몸에 '장착'시키는 데 필요한 최소한의 기간이다. 《아침형 인간》의 저자인 사이쇼 히로시 역시 "아침형 인간이 되기 위해서는 100일간의 노력이 필요하다"고 주장했다.

그렇다면 100일간 무엇에, 어떻게 몰입할 것인가? 일단 커뮤니케이션의 달인이 되기 위한 구체적인 실행 계획을 자신의 비전 카드에 적는다. 그리고 100일간은 이를 절대로 어기지 않고 반드시 실천에 옮긴다. 예를 들어 '커뮤니케이션 서적을 일주일에 1권씩 읽겠다', '커뮤니케이션 강연에 주 1회 이상 참석하겠다' 식으로 계획을 세심하게 짜고, 그대로 행동하는 것이다. 이렇게 100일 정도만 교육과 훈련을 병행하여 몰입하면, 어느새 커뮤니케이션의 달인에 근접해 있는 자신을 발견할 수 있을 것이다.

만약 훈련이 힘들어 포기하고 싶을 때나 좀처럼 몰입이 되지 않을 때는 이 시기를 견딘 후의 당신을 상상해보자. 커뮤니케이션의 달인이 된다면, 즉 언제 어디서든 말로 사람들을 사로잡을 수 있다면, 당신의 가치는 몇 배나 높아질 터이다. 그때의 모습을 상상하며 당신을 독려하도록 하자. 100일은 당신의 인생 전체를 놓고 볼 때 굉장히 짧은 시간이다. 이처럼 짧은 시간을 투자해, 이후의 삶이 성공에 가까워진다면 한 번 해볼 만하지 않은가?

마음을 사고 서비스를 파는
커뮤니케이션 기술

영업

세일즈 커뮤니케이션은 특수한 영역이라고 생각하는 사람들이 많을 것이다. 영업을 주 업무로 하는 비즈니스맨에게만 해당되는 커뮤니케이션이라고 말이다. 하지만 비즈니스에서 마케팅의 중요성이 부각되면서, 세일즈 능력은 이제 일반 비즈니스맨에게도 요구되는 자질이다.

영업의 목표는 분명하다. 제품이든 서비스든, 무언가를 파는 것이다. 바꿔 말하자면 상대의 지갑(혹은 금고)을 열게 하는 것이다. 사람들은 대가를 치르는 일에 인색하다. 또한 대부분이 자신이 치르는 것보다 더 많은 것을 원한다. 그렇기에 영업에서의 커뮤니케이션은 다양한 요소를 필요로 한다. 상대의 마음을 얻어야 하고, 그를 설득해서, 지갑을 열도록 만들어야 한다. 경청, 유머, 칭찬 등 갖가지 기술을 총동원할 때 가능한 일이다. 그런 의미에서 세일즈 커뮤니케이션은 모든 커뮤니케이션의 집합체라고도 할 수 있다.

고객의 가슴에 환상을 안겨라

바야흐로 마케팅 전쟁 시대다. 제품의 질적 수준이 상향평준화되면서, 이제 어떤 마케팅을 동원하느냐가 판매의 성패를 좌우하고 있다. 이에 'BPL(Brand Placement : 영화나 드라마에 브랜드 전체를 지속적으로 노출시키는 마케팅 기법)', '쿨헌팅(coolhunting : 차기 유행을 선도할 것으로 예상되는 물품을 착용한 '유행 선도자'를 찾아내는 마케팅 조사 방법)' 등 다양한 마케팅 전략이 등장하고 있다. 이 중 비즈니스맨이 개인적인 차원에서 활용할 수 있는 방법으로는 '스토리 마케팅'을 들 수 있다.

출판사 마케터로 근무하는 양 과장은 요즘 퇴근 후 문화센터로 직행한다. 소설 쓰기에 대한 강좌를 듣기 위해서다. 출퇴근길에도 손에서 소설책을 놓지 않는다. 그런 그의 모습에 동료들은 "갑자기 문학청년이라도 된 것이냐?"며 어리둥절해 했다. 마케팅 관련 서적을 읽기에도 부족한 시간에 소설책을 읽고 있는 그가 이해되지 않았던 것이다.

하지만 양 과장에게는 나름의 이유가 있었다. 마케터 생활 7년 차. 나날이 마케팅의 기법은 빠르게 변모했고, 더욱 다양해졌다. 그리고 최근 주목받고 있는 방법이 바로 '스토리 마케팅'이었다. 스토리 마케팅이란 단지 제품을 설명하는 수준에 그치지 않고, 제품을 기반으로 한 하나의 이야기를 구성해 들려줌으로써 고객이 제품을 좀 더 친근하고 가깝게 생각하도록 만드는 전략이다. 양 과장이 느닷없이 소설책에 빠진 건 이 스토리 마케팅을 위해서였다. 제품에 관련된 감동적이고 감성적인 스토리를 만들어내기 위해서, 소설을 공부하기 시작한 것이다.

독일의 세일즈·커뮤니케이션 컨설턴트인 한스 우베 쾰러Hans-Uwe L. Köhler는 "세일즈맨은 95%의 이성으로 판매하지만 고객은 95%의 감성으로 결정한다"고 강조한다. 이는 오늘날 고객이 구매를 결정하는 기준이 달라지고 있음을 시사하는 말이다.

실제로 과거에는 제품의 가격과 품질이 구매의 결정 요소였다. 하지만 기술이 발달하고 시장이 확대되면서, 질 좋고 저렴한 제품을 얼마든지 구입할 수 있게 되었다. 가격과 품질이 더 이상 제품의 결정적인 경쟁력이 되지 못하는 상황이다. 이제 사람들은 품질과 가격 외에도 다른 무엇을 기대한다.

이러한 상황을 이용한 커뮤니케이션 전략이 바로 '환상을 심어주는 것'이다. 당신이 판매하는 제품 혹은 서비스를 이용했을 때 고객이 얻게 되는 이익, 고객이 겪게 되는 변화에 대해 설명하라. 물건으로 인해 변화된 삶이 구체적으로 그려질 때, 고객은 주저 없이 구매를 결정한다.

당신은 걸어 다니는 상품이다

오래 전 마포에 위치한 한국능률협회에서 경영 컨설턴트 전문 과정을 공부할 기회가 있었다. 기업 경영 컨설턴트로서 필요한 여러 가지 전문지식뿐 아니라, 비즈니스맨으로서 기본적으로 갖추어야 할 매너, 태도, 외모, 복장 등을 집중적으로 학습했다. 당시 담당 강사가 이런 말을 한 적이 있다.

"고객 상담이나 컨설팅을 할 때 여러분 자신이 바로 걸어 다니는 상품이라고 생각하십시오."

영업에서 기본적으로 갖추어야 할 마인드가 아닌가 싶다. 소비자는 판매자를 통해 그가 판매하는 제품이나 서비스를 '짐작'한다. 그에 대한 이미지가 좋지 않다면, 제품에도 호감을 느끼지 못할 가능성이 높다.

보험 전문강사로 활동하고 있는 이태순 씨 역시 자신의 저서 《보험영업 최강의 전략》에서 "보험을 팔기 전에 먼저 나를 팔아야 하므로 내가 곧 상품"이라고 설명했다. 그렇기에 외모부터 표정, 자세까지 당신의 이미지를 관리해야 한다. 당신이 멋진 사람이라는 환상은, 제품에 대한 환상으로 이어질 수 있기 때문이다.

특히 어떤 첫인상을 남기느냐는 아주 중요한 문제다. 미국의 정신분석학자 디오도어 루빈 Theodore Rubin 은 "좋은 인상을 남길 수 있는 기회란 결코 두 번 다시 오지 않는다"고 강조했다. 풀이하자면 첫인상이 중요하다는 이야기다. 미국의 사회심리학자 고든 올포트 Gordon Allport 역시 〈대인지각 이론〉이란 논문을 통해 첫인상의 중요성을 이렇게 설명했다. "첫 30초 동안의 만남에서 상대의 성격이나 신뢰도, 성실성 등을 상당 부분 측정할 수 있다."

이처럼 인간의 뇌는 짧은 시간 안에 첫인상을 결정하고 그 이미지를 저장하는데, 이를 심리학 용어로 '초두현상 Primary Effect'이라고 부른다.

물론 노력 여하에 따라 첫인상은 얼마든지 바꿀 수 있다. 하지만 첫인상이 결정되는 시간은 단 30초인 데 비해 이를 복구하는 데 걸리는 시간은 무려 40시간이라고 하니, 첫인상을 제대로 심어주지 못한다면 많은 시간과 노력을 허비해야 한다. 너무 비경제적이지 않은가? 첫인상만 좋게 심어주면 전혀 필요 없었을 시간과 노력을 따로 쏟아부어야 한다니 말이다.

그러니 패기 넘치는 눈빛과 단정한 복장으로 상대에게서 신뢰를 얻어라. 당신이 믿을 만한 사람이라는 첫인상을 심어줘야 한다. 그렇다면 좋은 첫인상은 어떻게 만들어지는가?

첫인상은 대부분 외모와 태도에서 결정되기 마련이다. 특히 영업맨의 당당하고 빛나는 눈빛과 단정한 복장은 넘치는 자신감, 자신이 하는 일이나 상품에 대한 확신, 풍부한 경험 등을 의미한다. 삶에 대한 경륜이 쌓인 사람들은 영업맨의 눈빛과 복장만 보고도 프로인지 아마추어인지를 금방 안다. 그만큼 영업맨에게 생기 넘치는 눈빛과 환경에 어울리는 단정한 복장은 매우 중요하다.

신뢰는 전염성이 강하다. 고객이 당신을 신뢰하면, 당신이 권하는 제품이나 서비스도 신뢰하게 될 것이다. 영업은 일단 당신에 대한 호감을 얻는 일부터 시작하라.

TIP | 고객 앞에서 주의할 행동

- 두 발을 넓게 벌리고 서 있다 : 자세가 어정쩡하게 보일 뿐 아니라 단정하지 못하다는 인상을 줄 수 있다. 두 발은 항상 어깨 넓이만큼 벌리고 서도록 하자.
- 뒷짐을 지고 서 있다 : 권위적으로 비칠 가능성이 크다. 고객의 입장에서는 부담감과 거부감을 느낄 수 있으므로 주의해야 한다.
- 두 손을 만지작거리거나 비비면서 이야기한다 : 자신이 없어 보이기도 하고, 뭔가 불안해 보이기도 한다. 특히 두 손을 비비는 동작에서 '아첨'이라는 단어를 연상하는 사람들이 많다. 당신의 말이 진심이 아니라고 오해할 수 있으니 삼가도록 하자.

유머로 경계를 풀어라

커뮤니케이션에서는 화자와 청자가 동등한 관계를 형성한다. 그런데 세일즈 커뮤니케이션에서는 상황이 조금 다르다. 청자, 즉 고객이 우위에 서는 것이다. 더욱이 고객은 당신을 경계의 눈빛으로 바라볼 것이다. 자신에게서 무언가를 '얻어내려는 상대'라는 인식이 강하기 때문이다. 그렇기에 세일즈 커뮤니케이션의 시작은 '경계 해제'여야 한다. 상대적으로 불리한 입장에서 진행되는 커뮤니케이션인 만큼, 더 많은 노력이 필요하다.

경직된 분위기를 전환하는 최강의 무기는 웃음이다. 웃음은 마법 같은 힘을 지니고 있어서, 얼음장처럼 얼어붙은 마음도 사르르 녹인다. 굳어 있던 표정이 풀어지고 나면, 마음의 경계도 함께 풀어지는 법이다. 미소 띤 얼굴로 커뮤니케이션을 하는 것은 당연하며, 상대 역시 웃게 만들어야 한다. 세일즈맨 중에는 유머와 관련된 책을 보거나 인터넷에서 각종 유머를 수집하는 사람들이 많은데, 경험을 통해 웃음의 위력을 체감했기 때문이다.

상대를 웃게 만드는 비결 한 가지를 꼽으라면 '올인 전략'을 들 수 있다. 방송인 김제동 씨는 "자기를 희생해서건 가족을 희생해서건 우리 엄마를 갖다 붙이건 사람들이 웃으면 됩니다"라고 자신의 웃음 철학을 밝힌 적이 있는데, 이것이 바로 올인 전략이다. 즉 남을 웃기기 위해서라면 자신을 희화하는 희생(?)도 불사해야 하는 것이다. 당신을 웃음의 소재로 삼는다고 해서 당신의 가치가 하락하지는 않는다. 오히려 사람들은 당신에게서 친근감을 느끼게 된다.

단, 유머를 구사하기 전에는 반드시 검증 작업을 거쳐야 한다. 제대로 못하면 분위기를 썰렁하게 만드는 것은 물론이요, 심지어 바보 취급을 받을 수도 있다. 한 예로 직장인 김 모씨는 회사의 중요한 연례행사에 나가 나름대로 비장의 유머를 던졌다. 인터넷도 뒤지고, 책도 읽으며 정리한 유머들이었다. 그런데 결과는 처참하기 그지없었다. 반응은 냉담했고, 그는 창피해서 그야말로 죽을 지경이었다. 문제는 여기서 그치지 않았다. 실패한 경험이 기억에 오래 남아 한동안 사람들 앞에 나서지 못한 것이다. 그러니 아무리 재미 있는 이야기라고 판단되더라도, 가족이나 가까운 친구와의 대화를 통해 미리 반응을 점검하라. 고객 앞에 선보일 유머는 그렇게 해서 '살아남은' 유머만을 취사선택하는 과정이 필요하다.

TIP | 피해야 할 유머

- 상대의 개인적인 이야기로 웃기려는 시도는 하지 않는 것이 좋다. 인신공격으로 비칠 가능성이 크기 때문이다.
- 성性을 소재로 하는 유머는 되도록 지양하라. 특히 상대가 여성인 경우에는 성적인 농담이나 유머에 강한 거부감을 나타낼 수 있다.
- "눈, 코, 입이 몰린 것이 딱 '모여라, 꿈동산'이군요", "손이 커서 소도 때려잡겠어요"처럼 상대의 신체적 특징이나 약점을 희화해서는 안 된다. 잘못하다가 상처를 건드리는 일이 될 수 있다.

고객이 꿈꾸는 스토리를 들려줘라

《드림 소사이어티》의 저자이자 미래학자인 롤프 옌센Rolf Jensen은 "정보화 시대가 지나면 소비자에게 꿈과 감성을 제공하는 드림 소사이어티Dream Society가 도래할 것"이라고 주장했다. 미래에는 상품의 실용적 가치보다 상품에 얽힌 꿈이 더 높은 부가가치를 창출할 것이란 이야기다. 그의 주장은 현실화되었다. 오늘날 소비자의 감성이 마케팅의 핵심 요소로 부상하고 있는 것이다.

'스토리 마케팅'은 이러한 시장 상황에서 탄생한 새로운 마케팅 기법이다. 더 이상 사람들은 제품의 특징이나 성능만 보고 구매를 결정하지는 않는다. 이제 소비자를 움직이는 힘은 스토리다. 제품이나 서비스를 구매함으로써 자신의 삶이 달라질 수 있다고 판단될 때, 제품이나 서비스가 자신에게 새로운 변화를 안겨줄 것이라고 생각될 때, 구입을 결심하는 것이다.

화장품업계에는 이러한 스토리 마케팅을 적극적으로 활용하여 크게 성공을 거둔 사례가 많다. 대표적인 예로 들 수 있는 것이 로레알L'Oreal의 "당신은 소중하니까요"라는 광고 카피다. 이 카피는 소비자, 특히 여성 소비자에게서 대단한 반응을 이끌어냈다. 이전까지 누군가(대부분은 남성)에게 잘 보이기 위해 화장을 했던 여성들에게 새로운 스토리를 들려준 덕분이다. 광고는 "남에게 보이기 위해서가 아니라 당신 스스로의 만족감과 자부심을 위해 화장하라"고 설득했다. 즉 로레알 화장품을 사용하는 여성은 '스스로를 사랑할 줄 아는 여성'이라는 환상을 심어준 것이다.

고객이 '꿈'을 꾸도록 하는 것, '꿈'을 위해 지갑을 열도록 하는 것, 이것이 바로 스토리의 힘이다. 세계적인 마케팅 구루로 꼽히는 세스 고딘Seth Godin 역시 《마케터는 새빨간 거짓말쟁이》라는 자신의 저서에서 "성공한 마케터들은 훌륭한 스토리를 만들어낸 사람들이다. 그들은 소비자들이 믿고 싶어 하는 이야기를 들려주는 천부적인 스토리텔러들이다. 마케팅은 바로 스토리를 만들어내는 일이다"라고 강조했다.

당신의 제품에 대한 지겨운 설명은 그만두고, 스토리를 들려줘라. 고객이 이야기에 빠져들어 동화되면, 다음 과정은 순조롭게 진행된다. 특히 고객이 빠져든 이야기의 주인공, 즉 고객 자신의 모습이 근사하면 근사할수록 구매 확률은 높아진다.

'판매'가 아닌 '상담'을 하라

우리나라 직장인 10명 중 7명은 샐러던트saladent라고 한다. 샐러던트는 '공부하는 직장인'을 의미하는 신조어로, 직장에 몸담고 있으면서 부족한 분야를 공부하거나 자신이 일하고 있는 분야에서 전문성을 높이기 위해 공부하는 사람들을 뜻한다.

자동차회사의 영업본부에서 근무하는 최 차장은 3년째 판매왕을 차지한, 세일즈의 달인이다. 그가 한 해에 판매하는 자동차 수는 다른 세일즈맨들이 파는 평균의 4~5배. 덕분에 연봉만 해도 3억 원이 넘는 업계 최고 수준의 대우를 받고 있다.

세일즈에 관해서라면 더 이상 배울 것이 없을 듯한데, 최 차장은 여전히 휴일이면 도서관을 찾아 자동차에 대한 책을 찾아 읽는다. 새 모델이 출시될 때마다 성능이나 새로 추가된 기능을 빠짐없이 체크하기도 한다. 자신이 제품을 제대로 알아야 고객에게도 정확히 설명할 수 있다는 판단에서다. 그는 '정말 좋은 제품'이라는 확신이 들지 않는 한, 고객에게 권할 수 없다고 다짐한다.

이것이 바로 최 차장의 성공 비결이다. 영업을 간단하게 정리하면 고객에게 상품과 서비스를 파는 일이라고 할 수 있다. 하지만 고객의 수준이 높아지고, 입맛이 까다로워지면서 이제는 고객의 니즈를 해결해주는 컨설턴트의 임무까지 주어졌다. 능력 있는 세일즈맨은 '판매'가 아니라 '상담'을 한다. 고객이 원하는 성능과 이미지를 듣고, 그에 걸맞은 제품을 '소개'해주는 것이다. 자신이 판매하는 제품을 빠삭하게 꿰고 있을 때 가능한 일이다.

실제로 최 차장의 고객들은 자동차를 새로 구입할 때면, 늘 그에게 먼저 의논을 한다. 자신이 원하는 스타일을 이야기하면, 그가 알아서 최적의 제품을 추천해주기 때문이다. 고객들에게 최 차장은 더 이상 평범한 영업사원이 아니다. 그는 자동차 전문가이며 든든한 컨설턴트다. 그렇기에 주변 사람들에게도 자신 있게 그를 추천하는 것이다.

더욱이 최 차장은 자사의 제품에 강한 확신과 자신감을 가지고 있다. 타사 제품과 비교했을 때 강점이 무엇인지도 정확하게 파악하고 있고, 이 점을 고객들에게 상세히 설명한다. 이처럼 판매자가 자신의 제품에 대해 강한 확신을 가지고 있으면, 고객은 그 확신을 믿고 제품을 구입한다. 확신이 신뢰를 낳는 것이다.

고객의 기호를 파고들어라

〈동아일보〉의 논설위원인 황호택 씨는 인터뷰집《생명의 강 생명의 불꽃》에서 방송인 김제동 씨를 "한국이 낳은 당대의 커뮤니케이터"라고 지칭했다. 나 역시 같은 생각이다. 김씨의 화술을 연구하면서 '정말 대단한 사람이다. 오늘의 그가 우연히 탄생한 것이 아니구나'라는 사실을 새삼 깨달았다.

그의 성공 비결, 즉 '말빨'은 어디서 비롯된 것인가? 한마디로 표현하자면 공감대라고 할 수 있다. 황호택 씨 역시 김씨를 "청중과 함께 공감하는 이야깃거리를 만드는 천재"라고 표현할 만큼, 그는 항상 청중과 같이 호흡하며 대화하는 화법을 구사한다. "아무리 자신이 달변가라 해도 듣는 사람이 흥미가 없다면, 그것은 공허한 울림이 될 뿐"이라는 것이 김씨의 생각이다. 또한 그는 말의 숙성을 다음과 같이 강조한다.

"아무리 좋은 말도 다른 사람의 말을 앵무새처럼 외우는 것은 자연스럽지 못하다. 자신의 말로, 자신의 깨달음으로 전달할 수 있을 때까지 그 언어를 숙성시켜야 한다."

커뮤니케이션을 성공으로 이끌기 위해서는 철저한 준비와 노력이 필요함을 실감하게 되는 대목이다. 나와 파장이 맞는 사람, 코드가 통하는 사람과 공감대가 형성되는 것은 당연한 일이다. 진정 강력한 커뮤니케이션은 나와는 다른 사고를 지닌 사람, 대칭점에 선 사람까지 융화시킬 수 있어야 한다. 그것이 바로 공감 커뮤니케이션이다.

이러한 공감 커뮤니케이션은 특히 영업에서 위력을 발휘한다. 고객의 마음을 사로잡기란 쉬운 일이 아니다. 고객은 자신의 지갑을 열게 하려는 당신을 순순히 받아들이지 않는다. 이때 필요한 전략이 바로 공감대를 형성하는 것이다. 영업에서 성공하고 싶다면, 고객의 기호를 파고들어 그와 공감대를 형성하라. 일단 공감대가 형성되면, 고객은 마음을 열고 당신의 이야기를 진지하게 받아들인다. 대부분의 사람들은 자신과 비슷한 사람, 통하는 사람 앞에서는 마음의 벽을 허물기 마련이다.

그러면 어떻게 고객과 공감대를 형성할 수 있을까? 다음은 김제동 씨가 청중의 기호를 읽고, 공감대를 형성하기 위해 기울이는 노력들이니 참고하기 바란다.

첫째, 세상 돌아가는 일을 파악한다_ 김제동 씨는 매일 다섯 종류 이상의 신문이나 잡지 등을 정독한다. 그리고 중요하다고 생각되는 부분은 밑줄을 그어 표시하고, 자료로 쓸 내용은 별도로 스크랩한다. 여백에는 자신의 생각을 보충해서 기록해놓는다. 이렇게 일기처럼 정리한 스트랩북만 벌써 10권이 넘는다. '김제동표 아이디어 노트'인 셈이다.

둘째, 스치는 생각까지 모두 기록한다_ 그는 늘 눈과 귀를 열어두고 있다. TV를 보다가, 길을 걷다가, 언제 어디서든 좋은 생각이 떠오르면 반드시 기록한다. 만약을 대비해 소형 녹음기를 가지고 다닐 정도로 기록에 치밀함을 기한다. 찰나로 스치는 생각까지 소홀히 하지 않는 노력이 그를 지금의 자리에 올려놓은 것이다.

셋째, 청자의 언어로 말한다_ 사람들은 익숙함에서 친밀함을 느낀다. 그래서 그는 특정 단체의 모임에 나갈 때는 그 단체에서 사용하는 언어를 공부한다. 예를 들어 간호사 모임에 가서는 "혈압이 올라가네요"라고 말할 것을 "BP(Blood Pressure)가 올라가네요"라고 표현한다. 검사 모임에서는 "노래 못하면 영장 실질 심사도 없이 구속하겠다"고 익살맞게 엄포를 놓는다. 본인들에게 친숙한 용어를 사용하는 진행자에게 청중은 호감을 느끼게 되므로 분위기는 금방 화기애애해진다.

'몸'을 읽으면 '마음'이 보인다

카운슬러만큼 사람의 심리를 읽어내는 데 탁월한 사람은 없다. 카운슬러는 상대가 드러내려고 하지 않는 속내까지 끄집어내서 그를 이해하고, 고민 해결을 돕는다. 최고의 카운슬러는 상대방의 입장을 최대한 이해하면서, 그가 갖고 있는 문제점이나 고민을 허심탄회하게 꺼낼 수 있도록 만든다.

비결은 상대의 표정이나 자세, 몸짓을 눈여겨보고 그의 진심을 파악하는 데 있다. 사람의 마음은 몸짓에 드러나기 마련이다. 예를 들어 이야기에 집중하면 저절로 몸이 상대 쪽으로 숙여진다. 좀 더 가까이서, 잘 듣고 싶은 마음이 은연중에 행동으로 나타나는 것이다. 상대의 이야기에 동조할 때도 마찬가지다. 굳이 말로 꺼내지 않아도 '나와 같은 의견이다', '내가 원하던 이야기다' 싶을 때는 고개가 자연스럽게 끄덕여지고, 때론 박수까지 치게 된다.

그렇기에 상대가 말할 때와 들을 때의 표정이나 자세를 주의 깊게 살피면 그의 진심을 알 수 있다. 고객의 표정이 딱딱하게 굳어 있거나 팔짱을 끼는 등 수동적인 자세를 취한다면, 당신의 이야기에 관심이 없다는 뜻이다. 그때는 과감히 이야기하고 있던 주제를 버리고, 새로운 주제로 관심을 끌어낼 필요가 있다.

한편 고객의 몸짓을 읽었다면, 그의 제스처를 은근슬쩍 따라 하는 것도 좋은 방법이 될 수 있다. 사람은 자신과 비슷한 사람에게 친밀함을 느낀다. 사고방식이 비슷하거나 같은 관심사를 가진 사람에게도 그렇지만, 제스처나 버릇이 비슷한 사람에게도 마찬가지다. 즉 상대의 버릇을 은근슬쩍 따라 하면, 그는 당신에게 호기심을 느끼고 호감을 가지게 될 것이다.

예컨대 고객이 이야기를 할 때마다 머리를 만진다든지, 혹은 이야기를 들으면서 손뼉을 치는 버릇이 있다면 그대로 따라 하라. 자신과 비슷한 버릇을 지닌 당신을 고객은 놀라워하고, 또 반가워할 것이다. 이때가 고객이 당신에게 마음을 여는 순간이다. 한 가지 주의할 점은 당신이 따라 한다는 사실을 상대가 눈치 채서는 안 된다는 사실이다. 당신의 오랜 버릇인 양 최대한 자연스럽게 행동하는 것이 포인트다.

> **TIP | 상대의 몸짓을 살필 때 유의해서 볼 점**
>
> - 이야기를 들으면서 시선을 다른 곳에 두지는 않는가?
> - 발을 떨고, 손을 만지작거리는 등 행동이 부산스럽지 않은가?
> - 표정이 미묘하게 변한 순간은 언제인가?
> - 고개를 끄덕이거나 박수를 친 순간은 언제인가?
> - 본인도 모르게 하품을 하거나 눈을 비빈 적은 없는가?
> - 얼굴이 빨갛게 달아오르지는 않았는가?
> - 몸을 당신 쪽으로 기울이거나 눈을 크게 뜨는 등의 반응이 나타났는가?

고마워하게 혹은 미안하게 만들어라

보험회사 영업팀에 근무하는 서 과장은 고객들 사이에서 인기가 좋다. 한 번 인연을 맺은 고객은 자신의 주변 사람들까지 서 과장에게 소개할 정도. 직접 나서지 않아도 고객이 먼저 찾아오니, 동료들 사이에서는 시샘 섞인 부러움이 터져 나온다. "도대체 비결이 뭐야? 나도 좀 알자고." 그때마다 서 과장은 "그냥 진심으로 대했을 뿐"이라며 웃어넘긴다.

동료들은 "비법을 알려주지 않는다"고 투덜거리지만, 사실 그것이 비결의 전부다. 서 과장은 고객에게 감사하는 마음을 가지고, 늘 그들을 가족처럼 대한다. 그는 "고객은 생명의 은인과 같다"는 말을 입버릇처럼 달고 산다. 자기가 돈을 벌어 생계를 유지할 수 있는 것은 고객 덕분이라는 생각에서다.

단지 구매를 할 때만 단발적으로 고객에게 감사한 것이 아니다. 이후에도 지속적으로 애프터서비스를 하고, 명절이면 빠짐없이 안부를 건넸다. '지성이면 감천'이라고 그의 헌신에 감격한 고객은 새로운 고객을 소개하며, 그의 든든한 지원군이 되어주었다.

온갖 전략과 상술이 난무하는 비즈니스 세계에서도 정공법은 통하기 마련이다. 고객이 당신에게 고마움을 느끼는 순간은 관계의 우위가 역전되는 순간이라고도 할 수 있다. 고객이 먼저 당신을 찾게 되는 것이다.

세일즈는 장사지만, 세일즈 커뮤니케이션까지 장사가 되어서는 안 된다. 당신의 이야기에 장삿속이 담겨 있다는 사실을 파악하는 순간, 고객은 더 이상 당신의 어떤 말도 신뢰하지 않는다. 어차피 무언가를 팔기 위한 사탕발림이라고 여기기 때문이다. 그러니 당신의 장삿속은 철저히 감춰야 한다. 제품과 서비스를 파는 데 집중하기보단, 일단 고객의 마음을 사는 데 투자하라. 고객의 마음을 사면 제품과 서비스는 자동적으로 팔리기 마련이다.

고객은 당신이 판매하는 제품을 사기 위해 금액을 지불하지만, 당신이 고객의 마음을 사는 데는 돈이 필요하지 않다. 진심과 정성만 있으면, 얼마든지 고객의 마음을 얻을 수 있다. 고객의 마음을 사면서 당신의 제품을 파는 일은 분명 남는 장사다.

칭찬을 싫어할 사람은 없다

고객에게 호감을 사고 싶은가? 그에게 친밀하게 다가서고 싶은가? 그렇다면 일단 칭찬으로 시작하라. 단언하건대, 칭찬은 사람의 마음을 움직이는 최고의 커뮤니케이션 스킬이다. 오죽하면 '칭찬은 고래도 춤추게 한다'고 했겠는가!

칭찬의 위력을 증명하는 인물로는 미국 전 대통령 빌 클린턴을 꼽을 수 있다. 그의 어린 시절은 불우하기 짝이 없었다. 의붓아버지는 술만 마셨다 하면 가족들을 구타했고, 정신적인 충격을 받은 동생은 마약 중독에 빠지기까지 했다. 하지만 클린턴은 흔들리지 않았다. "넌 이 세상에서 가장 소중해", "넌 뭐든지 할 수 있어"라는 어머니의 칭찬과 격려가 그를 지탱하는 힘이 되었기 때문이다. 그 어떤 상황에서도 희망과 용기를 심어주는 것, 자신의 운명을 개척할 수 있는 것, 이것이 칭찬이 지닌 강력한 힘이다.

한 가지 주의할 사실은 사람의 생김새가 다르고 성향이 제각각이듯, 각자에게 효력을 발휘하는 칭찬은 따로 있다는 점이다. 즉 상대에 따라 다른 칭찬을 구사해야 한다.

예컨대 여성에게는 외양적인 부분에 대한 칭찬이 대체로 통한다. 상대의 작은 관심과 호의에도 큰 감동을 받는 경향이 있다. "오늘 입으신 의상이 정말 잘 어울리시는군요", "너무 젊어 보이셔서 깜짝 놀랐습니다" 등등. 약간 낯간지러운 칭찬이라도 여성들은 기분

좋게 받아들인다. 반면 남성에게는 능력이나 지위에 대해 칭찬하는 방법이 좋다. "이 제품을 눈여겨보시다니 안목이 대단하십니다", "선생님 같은 능력을 갖추신 분께서는 이런 제품을 쓰셔야죠"라는 식으로 말이다.

흔치 않은 경우이긴 하지만, 칭찬을 싫어하는 사람도 있을 수 있다. 칭찬받는 일에 익숙하지 않은 사람들은 자신에 대한 칭찬을 곧이곧대로 받아들이지 않고, 진의를 의심하곤 한다. 만약 고객이 당신의 칭찬을 불쾌하게 여기거나, 부담스러워 한다면 전략을 수정할 필요가 있다. 바로 간접 칭찬의 기술을 활용하는 것이다. 이를테면 "고객님께서 다니시는 회사의 명성은 익히 들었습니다. 정말 좋은 회사에 다니시네요"라든가 "사모님이 센스가 있으시네요. 옷차림이 아주 멋있습니다"라고, 고객의 주변 사람을 칭찬하면서 고객을 띄우는 방법이다. 고객이 느끼는 부담을 줄이면서, 기분을 좋게 만드는 기술이라고 할 수 있다.

이름을 부르면 없던 정도 생긴다

데일 카네기는 성공적인 커뮤니케이션이나 인간관계를 위한 주요 실천 원칙 중의 하나로, '상대방의 이름을 기억하여 불러주기'를 꼽았다. 상대방의 이름을 불러준다는 것은 그 사람에게 호의를 갖고 있으며, 그를 인정하고 있다는 표현이다. 그렇기에 고객의 이름을 기억하고 불러주는 일은 당신의 마음을 표현하는 최적의 방법이다. 예전에 거래했던 고객이 다시 당신을 찾았을 때, 당신이 그의 이름을 불러준다면 고객은 감동할 것이다.

의류판매회사 미첼스/리처즈의 CEO인 잭 미첼 Jack Mitchell 은 "고객의 직업, 가족관계, 취미 등 사생활에 이르기까지 훤히 꿰뚫고 있다"고 《내가 1000마일을 달려가 고객을 만나는 56가지 이유》에서 고백한다. 그가 이름을 외우고 있는 고객의 수만 무려 1천여 명. 고객을 만날 때마다 그의 이름을 부르는 것은 물론, 지극히 개인적인 안부까지 세심하게 물으니 고객이 감동하지 않을 수가 없다. 사업이 날로 번창하는 것은 당연지사다.

어떻게 그토록 많은 고객의 이름을 외울 수 있었을까? 이에 대해 미첼은 특별한 비결은 없었다고 설명한다. "나는 억지로 외우려고 하지 않았습니다. 단지 고객에 대한 관심과 배려를 갖다 보니, 자연스럽게 알게 된 것뿐입니다."

고객을 진심으로 사랑하라. 그들에게 관심을 기울여라. 당신의 진심이 전해지면 고객은 감동하고, 곧 열렬한 충성고객이 된다.

물론 비즈니스 세계에서 만나는 사람이 많고 다양한 만큼, 고객 한 사람 한 사람의 이름을 외우는 일이 쉽지는 않다. 내가 개인적으로 권하고 싶은 방법은 연상기억법이다. 예를 들어 이름이 김미소인 경우, '미소가 아름다운 사람'이라는 식으로 이미지와 이름을 연관해서 기억하는 방법이다. 그 사람을 대표할 수 있는 이미지를 생각하는 과정은 곧 그에 대해 분석하는 과정이기도 하다. 그만큼 그에 대해 많은 것을 생각하고 알 수 있는 것이다. 누군가를 처음 만났을 때는 항상 그를 대표할 수 있는 이미지를 찾는 데 주력하도록 하라.

자존심을 건드리면 반응이 온다

세일즈 커뮤니케이션에서 고객이 우위에 서는 것은 분명한 사실이다. 그렇기에 상대를 높이고 대접해야 하는 것은 맞다. 하지만 지나치게 자신을 낮출 필요는 없다. 아니, 낮춰서는 안 된다. 앞서 말했듯, 세일즈맨은 자신이 판매하는 상품과 서비스를 대표한다. 즉 자신을 낮추는 일은 상품과 서비스의 가치를 낮추는 일이나 마찬가지다. 고객을 높이되 비굴함은 금물이다. 무조건 "사주세요"라며 기어드는 전략은 통하지 않는다. 때로는 의도적으로 고객을 '무시'할 필요도 있다.

사람은 누구나 남보다 성공하고 싶고, 돋보이고 싶은 욕망을 조금씩은 갖고 있게 마련이다. 사람은 더불어 살아갈 수밖에 없고, 그렇기에 의지와는 별개로 다른 사람과 자신을 비교할 수밖에 없다. 이러한 심리를 공략하면 커뮤니케이션의 주도권을 쥘 수 있다. 바로 자존심을 건드리는 전략이다.

그 어떤 이야기에도 넘어오지 않는 고객이라면, 최후의 수단으로 자존심을 건드려라. 예를 들어 "가격이 부담되신다면, 보다 저가의 제품도 있습니다", "요즘 센스 있는 여성분들은 이 제품 하나쯤은 가지고 계신데요"라고 은근슬쩍 고객의 자존심을 살살 긁는 것이다. 자존심이 상하면 누구나 발끈한다. 그리고 다른 사람에게 뒤처지고 싶지 않다는 마음은 결국 구매 행위로까지 이어지게 될 것이다. 잠재되어 있던 경쟁 심리가 발동한 탓이다.

하지만 자존심을 건드리는 전략은 주의해서 사용해야 한다. 자칫 상대의 기분을 상하게 해 커뮤니케이션 자체가 중단될 수 있기 때문이다. 자존심을 공략하되, 자존심을 다치게 해서는 안 된다. 그렇게 할 자신이 없다면 이 전략은 아예 실행에 옮기지 않는 편이 낫다.

알아듣게 설명하라

대기업 영업팀에 갓 입사한 남 모씨는 처음으로 고객을 만날 준비를 하며 의욕에 불타올랐다. 밤을 새다시피 자료를 조사하고, 완벽한 시나리오도 준비했다. 첫 거래를 멋지게 성사해 회사에서 인정받고 싶었다. 그리고 고객과의 약속 당일, 그는 거침없이 이야기를 이어갔다. 본인이 생각해도 흡족할 만큼 설명은 완벽했다.

그런데 이상한 일이었다. 고객의 반응이 영 뜨뜻미지근한 것이었다. 그가 이야기를 하는 내내 고객은 고개를 갸웃거리며 잘 모르겠다는 표정을 지었다. 제품에 대한 설명을 모두 마쳤는데, 기껏 돌아오는 질문이라곤 "그래선 이 제품이 뭐가 좋다는 건가요?"였다. 결국 거래는 성사되지 않았다. 고객은 제품의 특성이 정확하게 이해되지 않는다며, 좀 더 생각해보겠다는 말만 남기고 돌아갔다.

남씨는 맥이 빠지고 말았다. '최선을 다해 준비하고, 성심성의껏 설명했는데 도대체 뭐가 문제인 걸까?' 아무리 생각해도 답이 나오지 않자, 그는 선배에게 도움을 청했다. 이야기의 전말을 들은 선배의 말. "너는 기본이 안 돼 있어. 고객이 너처럼 전문용어를 빠삭하게 알고 있겠냐? 최대한 쉽게 풀어서 설명했어야지."

그렇다. 남씨의 문제는 고객의 입장을 배려하지 않았다는 데 있었다. 자신이 준비한 자료를 전달하는 데만 신경 썼을 뿐, 그 내용을 고객이 이해할 수 있는지는 생각하지 못했던 것이다. 그가 제품을 설명하며 늘어놓은 전문용어는 고객에게는 생소한 것이었다. 그 의미를 알 수 없으니, 설명을 이해할 수조차 없었다.

우리나라의 방송 프로그램은 초등학교 6학년부터 중학생 정도가 이해할 수 있는 수준으로 제작하는 것을 원칙으로 한다. 시청자의 수준을 무시해서일까? 그렇지 않다. 누구나 이해하기 쉽게 방송을 내보냄으로써 메시지의 전달력을 극대화하기 위한 것이다.

세일즈 커뮤니케이션은 당신의 학식을 뽐내기 위한 방편이 아니다. 어려운 단어, 전문적인 용어는 고객과 당신의 거리만 넓힐 뿐이다. 당신이 판매하는 제품이나 서비스를 설명하기에 아무리 적절한 전문용어라 하더라도, 고객이 알아들을 수 있게 쉬운 말로 풀이해서 설명하라. 자신과 거리가 먼 제품이나 서비스를 굳이 돈을 들여 구입할 사람은 없다. 고객과 제품을 가깝게 만들려면, 고객이 친숙하게 여기는 언어로 제품을 설명해야 한다.

사람들은 새로운 것에 열광한다
광고에는 신조어가 많이 등장한다. 들도 보도 못한 새로운 단어가 사람들의 흥미를 끌고, 그렇게 대중화되어 상품 홍보에 결정적인 기여를 하기도 한다. 세일즈 커뮤니케이션에 필요한 요소도 이러한 신조어들이다. 새로운 단어는 사람들의 관심을 불러일으키는 최적의 도구다.

하지만 신조어라고 해서 무조건 새로운 말을 만들어내라는 이야기는 아니다. 제품과 서비스에 새로운 가치를 부여하면 사람들은 반응을 보인다.

이를 단적으로 보여주는 예가 혜성 같이 등장해 껌 시장을 평정한 자일리톨이다. 이전까지 사람들은 껌을 사탕, 초콜릿처럼 군것질거리로 생각했다. 껌을 씹어도 이를 닦는 것이 당연하다고 여겼다. 그런데 자일리톨은 양치 후에 씹는 껌, 잠자리에 들기 전에 씹는 껌이라는 컨셉으로 껌의 기능에 대해 새로운 정의를 내렸다. 이전에는 상상할 수 없던 색다른 껌의 등장에 소비자들은 환호했고, 제품은 폭발적인 인기를 얻었다.

스포츠용품회사 나이키도 빼놓을 수 없다. 나이키는 제품에 새로운 가치를 부여하는 데 천부적인 재능을 보인다. 고기의 즙을 묻힌 축구공을 몰고 다니는 소년이 등장한, 나이키의 TV 광고를 예로 들어보자. 굶주린 개들의 추적을 피해 공을 모는 소년의 모습은 '무언가 새로운 도전이자 모험을 하는 것이 스포츠이자 나이키의 정신'이라는 사실을 의미했다. 그리고 브랜드에 대한 색다른 해석은 소비자들을 열광시켰다.

당신이 전자사전을 판매하는 영업사원이라고 치자. 전자사전은 주로 어학공부에 이용된다. 하지만 고객에게 전자사전이 지니는 다른 의미, 예를 들어 '능력 있는 비즈니스맨이라면 누구나 갖춘 필수 아이템'이라든지 '간편한 메모 기능으로 수첩을 대신하는 제품' 등으로 어필하면, 고객은 흥미를 보일 것이다.

당신의 제품과 서비스를 새로움으로 포장하라. 고객이 전혀 예상하지 못한 의미를 만들어내면, 세일즈가 성공할 확률이 높아진다.

가볍고 경쾌한 음성이 듣기도 좋다

《잠언과 성찰》로 유명한 프랑스 작가 라로슈푸코La Rochefoucauld는 "웅변의 효과는 언어를 선택하는 데에도 달렸지만 이야기하는 사람의 목소리와 얼굴 표정에도 달려 있다"며 목소리의 중요성을 설파했다. 오늘날, 목소리의 중요성은 날로 높아지고 있다. 목소리를 훈련하는 '보이스 컨설턴트voice consultant'라는 신종 직업까지 생겨날 정도. 건강하면서도 멋진 목소리가 경쟁력의 한 요소가 되고 있는 것이다.

커뮤니케이터의 음성은 청중이 느끼는 이미지와 신뢰도를 결정하는 중요한 요소다. 특히 가볍고 경쾌한 어투는 듣기에도 좋을뿐더러, 청자의 기분을 좋게 만드는 효과도 있다. 별것 아닌 일 같지만 매출에 확실한 영향을 미친다. 판매 상담원이 "안녕하십니까?"라는 말을 그냥 나직한 음의 높이로 했을 때와 '솔'의 음높이로 올려 했을 때, 매출의 결과가 판이하게 달라졌다는 보고도 있다.

이처럼 높낮이, 음색, 강약에 따라 목소리가 주는 이미지가 달라질 수 있다. 커뮤니케이터에게 좋은 음성이란 성량이 풍부하면서 누구나 들어도 부드럽고 편안한 음성을 말한다. 게다가 호소력과 감정이 함께 실린 음성이면 더할 나위 없이 좋을 것이다. 상대에게 믿음을 주고 호감을 사기 쉬운 음성이기 때문이다.

이러한 음성은 훈련으로 얼마든지 만들 수 있다. 혼자서 하기 쉬운 훈련법의 하나는 책을 크게 소리 내어 읽는 방법이다. 초등학교 교과서처럼 읽기에 어려움이 없는 책을 택해서 꾸준히 낭독하라. 아나운서나 성우의 억양을 따라 하면 더욱 효과가 좋다. 실제로 방송국의 신입 아나운서들은 선배 아나운서의 발음이나 억양을 따라 하는 연습을 한다. 그리고 이것을 녹음해 들으면서 본인의 문제점을 확인한다. 이러한 과정을 통해 점차 자신만의 억양과 발음을 만들어가는 것이다. 또한 연습을 할 때는 되도록 거울을 보면서 하는 것이 좋다. 자신의 입 모양, 말할 때의 표정을 체크할 수 있기 때문이다. 거울을 통해 본인의 눈을 바라보면서, 고객과 눈을 맞추는 훈련도 할 수 있다.

질문할 여지를 남기지 마라

커뮤니케이션에서 질문은 최대의 변수다. 상대가 어떤 질문을 던질지 짐작할 수 없기 때문이다. 아무리 사전에 질문을 예측하고, 그에 대한 답변을 준비한다고 해도, 전혀 생각하지 못했던 질문을 받을 수 있다. 허가 찔리는 순간이다. 틈을 보이고 싶지 않다면, 고객이 질문할 여지를 남기지 않는 것이 좋다. 제품과 서비스에 대해 모든 것을 설명해, 더 이상 궁금한 부분이 없게 만들어라.

혹여 질문을 받았다면 당신이 아는 범위에서 최선을 다해 답해야 한다. 설사 그 대답의 내용이 만족스럽지 못하더라도 당신의 성의가 이를 상쇄시킬 수 있다. 하지만 가능하면 사전에 철저한 준비로 질문을 받자마자 바로 답변을 하는 것이 좋다. 이러한 준비와 대응은 상대방에게 '나는 이 분야의 전문가입니다'라는 이미지를 심어주는 것과도 같다.

세일즈 당시에 답변이 미진했다면 자료를 조사해 고객을 다시 찾아가는 것도 방법이다. 고객은 분명 감동할 것이다.

설명하지 말고 실제 사례를 들어라

일본의 대형 홈쇼핑회사 '자파넷 다카다'는 심각한 경제 불황에도 불구하고, 연 30%대의 높은 성장세를 유지하고 있다. 비결은 독특한 상품 소개법. 이 회사는 방송에서 상품을 선전할 때 제품에 대한 설명은 최소화하고, 그 제품을 사용했을 때 얻게 되는 이점을 어필하는 데 집중했다.

예를 들어, 자동 안마기의 경우에 조작법이라든지 성능에 대해서는 길게 설명하지 않는다. "이 안마기는 한 번 스위치를 켜면 30분간 작동하며, 전신 마사지가 가능합니다" 정도로만 짧게 소개하는 것이다. 그리고 상품을 사용했을 때 고객의 생활이 어떻게 바뀌는지를 집중적으로 설명한다. 바로 이런 식이다.

"이 안마기가 집에 있다면, '너희 뒷바라지하느라 허리가 아프다'는 어머니의 푸념을 더 이상 듣지 않아도 되겠죠?", "회사의 휴게실에 안마기가 있다면, 직원들의 만족도가 더욱 올라가지 않을까요?", "고객이 대기시간 동안 편안히 앉아 안마를 받는다면, 아무리 기다리는 시간이 길어져도 불평하지 않을 것 같은데요?"…

이처럼 구체적인 설명은 고객의 이해를 돕는다. 제품의 특성과 장점을 더욱 명확하게 알 수 있는 것이다. 그러니 설명을 할 때는 예화를 들어, 최대한 구체적으로 하도록 하자.

사실 고객들도 이제 웬만한 상품에 대해서는 세일즈맨보다 더 많은 지식을 갖고 있다. 인터넷, TV, 신문 등 고객이 정보를 얻을 창구는 널려 있다. 굳이 세일즈맨을 통하지 않더라도 말이다. 고객이 궁금한 것은 제품에 얽힌 실제 스토리다. 더욱 정확하게 말하면 제품을 사용해본 사람들의 반응이다. 그러니 단순히 상품 혹은 서비스의 장점을 나열하는 데 그치지 말고, 당신의 경험이나 실제 사례를 바탕으로 스토리를 구성하라. 낚시를 할 때는 고기가 원하는 미끼를 준비해야 하듯, 세일즈 커뮤니케이션에서는 고객이 원하는 내용을 들려줘야 한다.

MASTERS OF COMMUNICATION
영업 summary

- 당신이 판매하는 제품 혹은 서비스를 이용했을 때 고객이 얻게 되는 이익, 고객이 겪게 되는 변화에 대해 설명하라. 물건을 구입했을 때 변화되는 삶이 구체적으로 그려지면, 고객은 주저 없이 구매를 결정한다.

- 소비자는 판매자를 통해 그가 판매하는 제품이나 서비스를 '짐작'한다. 당신이 바로 걸어 다니는 상품이다.

- 경직된 분위기를 전환하는 최강의 무기는 웃음이다. 웃음은 마법 같은 힘을 지니고 있어서, 얼어붙은 마음도 사르르 녹인다. 고객을 위해 유머를 언마하라.

- 이제 세일즈맨에게 고객의 니즈를 해결해주는 컨설턴트의 임무까지 주어졌다. 능력 있는 세일즈맨은 '판매'가 아니라 '상담'을 한다. 고객이 원하는 제품을 적절하게 '소개'해주는 것이다.

- 고객에게 호감을 사고 싶다면 일단 칭찬으로 시작하라. 단언하건대, 칭찬은 마음을 움직이는 최고의 커뮤니케이션 스킬이다.

- 그 어떤 이야기에도 꿈쩍하지 않는 고객이라면, 최후의 수단으로 자존심을 건드려라.

- 세일즈 커뮤니케이션은 당신의 지식을 뽐내기 위한 방편이 아니다. 어려운 단어, 전문적인 용어는 고객과 당신의 거리만 멀게 할 뿐이다. 최대한 쉽게 설명하라.

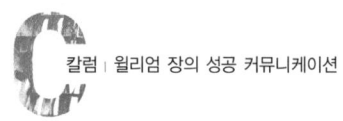
칼럼 | 윌리엄 장의 성공 커뮤니케이션

절대 절대 포기하지 마라

다수의 베스트셀러를 출간한 작가 니콜라 모건 Nicola Morgan 은 과거 출판사로부터 여러 번 거절을 당했다고 한다. 그는 당시의 경험을 이렇게 회상한다.

"내가 지난 21년 동안 받은 거절 통지서를 합치면, 집 한 채를 도배할 수 있을 정도다. 정말이지 매번 가슴 아픈 경험이었다. 거절을 극복하기 위한 비결 같은 것은 없다. 그저 벌레한테 물렸을 때처럼 비명 한 번 지르고 넘어가면 된다."

스릴러의 대가 스티븐 킹 Stephen King 역시, 오늘날처럼 유명한 작가가 되기 이전, 단편소설로 여러 출판사의 문을 두드릴 때는 수많은 거절 통지서를 받아야만 했다. 그는 모든 거절 통지서를 침실 벽에 붙여놓고 틈이 날 때마다 보면서 스스로를 채찍질했다고 한다.

'세상에 공짜는 없다'는 말도 있듯이, 성공의 반열에 오르기까지는 피나는 대가를 지불해야 한다. 성경에도 적혀 있지 않은가? "오늘 흘린 나의 땀방울이, 내일 나의 삶에 피와 살이 되리라"라고 말이다.

당신이 커뮤니케이션의 달인이 되고 싶다면 실패를 두려워해서는 안 된다. 그 어떤 좌절과 절망에도 반드시 다시 일어나야 한다. 사실 나 역시 남들 앞에 서는 것을 그 누구보다도 두려워했던 사람이다. 두려움을 넘어 공포심까지 느낄 정도였다. 하지만 나에겐 '말을 잘하고 싶다'는 강력한 소망이 있었기에, 그 모든 역경을 뛰어넘었다. 연습에 연습을 거듭했고, 결코 포기하지 않았다. 그리고 지금도 나의 도전은 계속되고 있다.

연습은 언젠가는 반드시 보상을 안겨준다. 전 미 육군 참모총장인 콜린 파월 Colin Powell 을 보자. 그는 젊은 시절, 교회에서 아이들에게 성경 교리를 가르쳤다. 여러 사람들 앞에서 말하는 연습이 자신의 삶에 큰 도움이 될 것이라는 믿음에서였다. 그리고 그의 예상은 정확히 맞아떨어졌다. 훗날 참모총장 앞에서 멋지게 해낸 프레젠테이션이, 흑인 최초의 참모총장으로 발탁되는 계기가 되어준 것이다.

커뮤니케이션의 달인이 되는 것은 결코 쉬운 일은 아니다. 특히 대중공포증이 있거나 소극적인 사람은 이를 극복하기가 쉽지 않다. 하지만 도전하라. 설사 실패할지라도, 또 다시 도전하면 그만이다. 도전하지 않는 자는 평온한 삶을 살 수 있을지는 모르지만, 결코 성공한 삶은 살 수 없다. MASTERS OF COMMUNICATION

청중을 휘어잡는
커뮤니케이션 기술

프레젠테이션

프레젠테이션, 강연, 연설 등 대중 커뮤니케이션에서는 '내용'만큼 중요한 것이 '형식'이다. 많은 사람들을 대상으로 하는 만큼 그들이 당신의 어디에 관심을 기울일지는 미지수. 당신의 말에 귀 기울이는 사람이 있는가 하면, 당신의 몸짓을 눈여겨보는 사람도 있고, 복장을 꼼꼼히 살펴보는 사람도 있을 것이다. 그렇기에 대중 커뮤니케이션은 청중의 오감을 만족시킬 수 있어야 한다.

과거 다수의 청자를 대상으로 하는 커뮤니케이션은 정치인이라든지 MC, 전문강사, 종교인 등과 같은 특정 직업군에만 해당되는 이야기로 알고 있었다. 하지만 이제는 일반 비즈니스맨에게까지 그 영역이 확대되었다. 회사에서 기획을 제안하는 일부터 사업수주 등 외부 영업까지, 대부분의 비즈니스에서 프레젠테이션의 비중이 높아지고 있다. 아무리 탄탄한 기획과 뛰어난 실행력을 갖추었다고 해도 이를 정확히 표현하지 못한다면 기회조차 주어지지 않기에, 비즈니스의 운명이 프레젠테이션에 달려 있다고 해도 과언은 아니다. 바꿔 말해, 프레젠테이션 능력은 최상의 비즈니스 경쟁력의 출발이라고 할 수 있다.

실전처럼 리허설하라

"철저한 준비와 치밀한 상대 분석입니다." CNN의 명앵커로 잘 알려진 래리 킹 Larry King은 "어떻게 하면 당신처럼 뛰어난 화술을 가질 수 있습니까?"라는 질문에 이와 같은 답을 내놓았다. '철저한 준비가 성공을 부른다'는 말이 식상하게 들릴 수도 있겠다. '당연한 이야기'라며 코웃음을 치는 사람도 있을 것이다. 하지만 준비가 중요하다는 사실을 알아도, 어떻게 준비해야 할지에 대해서는 모르는 사람이 대다수다. 많은 노력과 시간을 들였다고 해서 무조건 성공한다는 보장은 없다. 효율적인 준비 노하우를 알고 있는 사람은 상대적으로 짧은 시간과 적은 노력만으로 최상의 성과를 이끌어낸다.

아파트 분양 관련 마케팅·광고회사를 운영하는 이민희 대표는 준비의 위력을 직접 체감한 인물이다. H건설사의 아파트 분양 광고 입찰을 앞두고 나를 찾아왔을 때, 그녀는 프레젠테이션에 극도의 두려움을 느끼고 있었다. "그간에는 아는 거래처를 대상으로 사업을 벌였는데, 공개 입찰 경쟁은 처음이라 도대체 어떻게 해야 할지 방법을 모르겠다"며 도움을 청했다.

나는 그녀의 불안감을 떨쳐내기 위해 실전 같은 리허설을 반복했다. 실제 프레젠테이션을 하듯 연습을 하며 잘못된 점을 바로잡았다. 결국 그녀는 치열한 경쟁을 물리치고 입찰을 따내는 데 성공했다. 다음은 내가 그녀를 훈련시키면서 알려준 준비 방법이다.

불안감을 정복하라

간혹 가까운 사람과의 대화에서는 술술 잘 말하다가도, 많은 사람들 앞에만 서면 말문이 막히는 사람이 있다. 여러 가지 이유가 있겠지만, 상태가 심각하다면 대중공포증을 의심해봐야 한다. 대중공포증이란 대중 앞에 서는 것만으로도 극도의 긴장감과 불안함을 느끼는 증후군을 말한다. 프레젠테이션 등 대중 커뮤니케이션에서는 그야말로 큰 결함이 아닐 수 없다.

다음은 현재 본인이 지닌 불안이나 긴장, 대중공포증이 어느 정도인지 알 수 있는 셀프 테스트이다. 하나하나 짚어가면서 자신의 상태를 점검해보기 바란다. 본인의 상태를 파악하고 나면 어떤 식으로 문제를 해결할지가 명확하게 보일 것이다.

TEST | 대중공포증 체크 리스트

질 문

- ☐ 대중 앞에서 말을 해야 할 때는 마음이 불안하고 초조하다.
- ☐ 말이 갑자기 빨라진다거나 이야기에 두서가 없다.
- ☐ 목소리가 떨리는 현상이 나타난다.
- ☐ 얼굴이 홍당무처럼 붉어진다.
- ☐ 이마나 등에 식은땀이 흐른다.
- ☐ 호흡이 가빠지고 어떤 때는 숨을 쉬는 것조차 힘들다.
- ☐ 전달하는 주제가 명료하지 않고 횡설수설할 때도 많다.
- ☐ 입이 떨어지지 않아 침묵하는 경우도 종종 있다.
- ☐ 머릿속이 하얗게 되며 아무 생각도 나지 않을 때가 있다.
- ☐ 남들 앞에만 서면 처음부터 기어드는 목소리로 말한다.
- ☐ 긴장한 나머지 청중과 눈을 맞추기가 힘들다.
- ☐ 단상에만 올라가면 몸의 기운이 쫙 빠지는 것 같다.
- ☐ 입술이 마치 언 것 같은 느낌이 들며 발음도 제대로 되지 않는다.
- ☐ 목이 마르고 입술이 바싹바싹 타들어갈 때가 있다.
- ☐ 마이크를 잡고 있는 손이 마구 떨린다.

- 5~8개 : 대부분의 일반인들이 지니고 있는 증상이므로 심각하게 고민할 필요는 없다. 스스로 자신감을 키우는 마인드업으로 상태를 개선할 수 있다.
- 9~12개 : 대중에 대한 긴장, 불안, 공포를 느끼고 있는 상태. 다수의 청자 앞에서 말하는 연습을 꾸준히 해야 한다.
- 13개 이상 : 대중공포증이 심각하다. 스스로 극복하기 어렵다면, 전문가의 도움을 청하라.

이제 자신의 상태가 어느 정도인지 진단했을 것이다. 그렇다면 긴장감이나 불안이 들 때는 어떻게 대처할까? 방법을 알아보자.

비록 분야는 다르지만, 청중 앞에 서는 일을 반복하는 인물로 오페라 가수를 꼽을 수 있다. 그들은 무대에 오르기 전 긴장 완화를 위해 자신의 혀를 깨문다고 한다. 긴장감으로 입이 바짝 마를 때, 혀를 가볍게 깨물면 침이 돌아서 긴장감 해소에 도움이 된다는 것이다. 무대에 오르기 직전에 행하는 긴급 처방이니 알아두면 좋겠다.

크게 심호흡을 하는 것도 괜찮은 방법이다. 산소를 많이 들이마시면 육체적·심리적으로 안정감을 느낄 수 있다. 이렇게 해서 안정을 찾았다면, '나는 할 수 있어!', '이 자리에서는 내가 최고야!'라는 식으로 자기암시를 걸어라.

축구선수 박지성은 자기암시의 위력을 증명하는 대표적인 인물이다. 그는 그라운드에 설 때마다 자기 스스로에게 최면을 걸었다고 한다. 국가대표로 발탁되었을 때는 '날아가는 마음으로 뛸 수 있다'고 자신을 '세뇌'했다. 일본에서 활동할 때는 '누구보다 빨리 축구 기술을 배울 수 있다'고 수도 없이 외치고 되뇌었다. 네덜란드의 에인트호벤 시절에는 '설사 어떤 위기가 나에게 닥쳐도 절대 포기하지 않겠다'고 다짐을 하고 또 다짐했다.

사실 청소년 시절의 박지성은 숫기도 없고 자신감도 부족한 소년이었다. 워낙 눈에 띄지 않아 그가 지금처럼 세계적인 축구선수가 되리라고 생각한 사람은 아무도 없었다고 한다. 하지만 그는 해냈고, 그 비결 중 하나가 최면을 이용한 자기암시였다.

자기계발과 잠재의식의 활용법에 대한 강연으로 유명한 조셉 머피Joseph Murphy는 "인간은 자기가 마음먹은 대로, 상상한 대로 된다"고 설파한다. 서양 속담에도 "당신이 간절히 바라는 사람을 1만 번 이상 지속적으로 생각하면 당신은 그 사람이 될 수 있다"는 말이 있다. 즉 생각만으로도 우리의 능력은 얼마든지 달라질 수 있는 것이다. 앤서니 라빈스Anthony Robbins나 데일 카네기, 나폴레온 힐Napoleon Hill 처럼 세계적인 동기부여가들 역시 자기최면의 중요성을 강조한다.

잠재능력을 계발하는 방법에는 여러 가지가 있지만, 내가 권하고 싶은 방법은 'NLP 원리'를 적극 활용하는 것이다. NLP란 Neuro Linguistic Programming의 약자로, 우리말로는 '신경 언어 프로그래밍'이라고 한다. 우리의 뇌는 마치 컴퓨터의 소프트웨어와 같다. 바람을 지속적으로 뇌에 입력하면 정말 그러한 결과를 산출해내는 것이다. 좀 더 쉽게 설명하자면 자신이 간절하게 염원하는 것을 끊임없이 생각하고 실현되리라고 믿으면, 뇌는 그 목표를 성취시키는 마법의 힘을 발휘한다는 논리다.

이제 이 글을 읽는 당신은 고정된 사고의 전환과 함께 자신을 놀랍게 변화시킬 강렬한 대사를 만들어야 한다. 그리고 반드시 나는 그렇게 되고야 말리라는 간절한 신념을 갖고 끊임없이 자신에게 주문을 걸어야 한다. "나는 대중이 두렵지 않다", "나는 커뮤니케이션의 달인이다"라고 외쳐라.

성공 프레젠테이션을 위한 준비 : 3P 분석법

성공적인 프레젠테이션을 위한 준비 1단계는 전략을 수립하는 것이다. 여기서의 전략이란 목표에 도달하기 위한 가상 시나리오를 말한다. 즉 청중에게 어떤 식으로 접근하여 원하는 반응을 이끌어낼지를, 시작부터 결말까지 구체적으로 그려보는 것이다. 전체적인 그림이 그려지면 어떤 준비가 필요한지가 뚜렷하게 보인다.

2단계로는 정보수집과 자료조사를 들 수 있는데, 이때는 '3P 분석법'을 활용하는 것이 효과적이다. 여기서 3P란 목적Purpose, 사람People, 장소Place를 뜻한다. 즉 프레젠테이션의 목적이 무엇인가, 어떤 사람이 참석하는가, 어떤 장소에서 진행되는가를 파악해야 한다는 말이다.

나의 경우를 예로 들자면, 3P 분석법을 바탕으로 인원 수, 참석자의 학력, 사전교육의 유무, 장소, 시설 등을 빠짐없이 조사한다. 심지어는 강연을 진행할 회사의 주력제품, 재무제표, 경쟁업체까지 알아보는 경우도 있다. 예전에 오랜 경험만 믿고, 사전조사와 준비를 미흡하게 했다가 강의를 망친 경험이 있기 때문이다. 철저한 조사와 준비는 성공 프레젠테이션의 기본이다. 나의 뼈저린 체험에서 나온 조언이니, 명심하길 바란다.

마지막 3단계로는, 리허설을 들 수 있다. 철저하게 자료를 조사하고 준비했다고 해서, 끝이 아니다. 모든 것이 예상대로 이루어지는지를 리허설을 통해 점검해야 한다. 마치 실전에 임하듯 만반의 준비를 갖춘 상태로 여러 번 리허설하라. 그 과정에서 발생하는 문제점들을 체크해서, 사전에 대비해야 한다. 세상에 예측과 정확히 맞아떨어지는 일은 없다. 프레젠테이션에서도 여러 가지 돌발 상황이 발생하기 마련이지만, 얼마나 성공적으로 대처하느냐에 따라서 결과는 달라질 수 있다.

C H E C K | 3P 분석법에 따른 사전 조사 내용

목적 Purpose

- ☐ 프레젠테이션을 통해 이루고자 하는 목표는 무엇인가?
- ☐ 프레젠테이션이 결과에 미칠 영향은 어느 정도인가?
- ☐ 진행할 프레젠테이션의 성격은 어떠한가?

사람 People

- ☐ 참석자는 누구인가?
- ☐ 전체 참석 인원은 몇 명 정도인가?
- ☐ 사람들이 참석하는 이유는 무엇인가?
- ☐ 당신에게서 무엇을 배우길 혹은 듣길 원하는가?
- ☐ 청중은 당신이 이야기할 분야에 대해 얼마만큼 알고 있는가?
- ☐ 참석자의 학력과 직위는 어느 수준인가?
- ☐ 참석자의 연령대는 어느 정도인가?
- ☐ 참석자 중에서 핵심인물 Key Man 은 누구인가?

장소 Place

- ☐ 강연이나 세미나, 프레젠테이션 등을 진행하기에 적합한 장소인가?
- ☐ 외부의 방해를 받지 않는 조용한 장소인가?
- ☐ 각종 장비 및 시설은 작동이 잘 되며, 능숙히 조작할 수 있는가?
- ☐ 비주얼 장비 및 스크린 활용 시 화질에 문제가 없는가?
- ☐ 조명은 강연이나 세미나 환경 등에 적합하며, 직접 조절 가능한가?
- ☐ 좌석은 강연이나 세미나 진행에 적합하게 배열되어 있는가?
- ☐ 참석자가 바라보기 편한 위치에 단상이 있는가?

현장 답사로 실수를 줄여라

2004년 아테네 올림픽, 한국 양궁선수들은 여자 단체전에서 5연패의 금자탑을 쌓는 쾌거를 올렸다. 많은 전문가들이 "한국 양궁선수들이 거둔 놀라운 성공은 철저한 준비와 실전 같은 리허설 덕분"이라고 입을 모았다. 실제로 양궁 코치단은 아테네 양궁장을 직접 방문해서 둘러보고 국내에 똑같은 경기장을 만들었다. 지형이나 기후 조건, 심지어는 바람의 세기까지도 아테네와 같은 조건으로 조성한 경기장이었다. 이는 현장에서 일어날 수 있는 모든 변수에 대처하기 위한 전략이었다.

프레젠테이션이나 강연을 할 때 현장을 미리 답사해야 하는 이유도 여기에 있다. 커뮤니케이션에서 환경이 차지하는 부분은 생각보다 훨씬 크다. 장소의 크기나 인테리어가 분위기를 좌우하기도 한다. 더욱이 프레젠테이션에서는 비주얼 자료를 사용할 때가 많은데, 이것을 얼마나 효과적으로 사용하는지가 성공의 관건이 된다. 따라서 비주얼 자료가 청자에게 제대로 보이는지, 관련 도구가 제대로 작동되는지도 사전에 꼼꼼히 체크해야 한다.

만약 사정이 여의치 않아 미리 현장을 방문하기가 힘들다면 프레젠테이션 당일, 시작 몇 시간 전에라도 현장에 도착하도록 하자. 현장의 분위기를 파악하고, 참석한 사람들과 간단히 대화를 나누면서 그들의 성향을 파악하는 것이다. 그것은 마음의 준비일 뿐 아니라 청중에 대한 예의이기도 하다.

프레젠테이션과 관련된 모든 준비가 제대로 이루어졌는지 점검하는 일도, 현장 답사만큼이나 중요하다. 점검의 필요성을 증명하는 사례를 하나 살펴보자.

이 사례는 실제 있었던 일인데, 안타깝게도 이런 일이 자주 일어난다. B기업에 근무하는 김 부장은 코엑스에서 외국인 바이어를 대상으로 신제품에 대한 프레젠테이션을 하기로 되어 있었다. 편의를 위해 자료를 미리 이메일로 보냈는데, 현장에서 확인해보니 이메일에 파일이 첨부되지 않았다. "분명히 PT 자료를 이메일로 발송했는데 자료가 없어지다니! 말도 안 돼!" 결국 그는 자료 없이 프레젠테이션을 진행했고, 프레젠테이션은 실패로 끝나고 말았다.

아무리 완벽하게 준비를 끝마치고, 여러 번 리허설을 했다고 해도 방심은 금물이다. 프레젠테이션이 시작되기 직전까지는 모든 준비가 제대로 이루어졌는지 점검하고, 또 점검해야 한다. 프레젠테이션을 준비할 때 반드시 체크해야 할 항목들은 다음과 같다.

TIP | 프레젠테이션 때 최종 점검할 내용

- 사전에 작성한 준비 리스트에 따라 다시 한 번 준비 여부를 체크한다.
- 자료는 USB와 이메일, 별도의 노트북 등에 나눠 보관한다.
- 행사장까지의 교통편, 걸리는 시간을 확인한다.
- 당일에 입을 복장을 미리 준비해둔다.
- 프레젠테이션 전날에는 술을 마시지 말고, 충분하게 휴식을 취한다.
- 아무리 늦어도 밤 10시~12시 사이에 취침한다.
- 당일 아침에는 가벼운 운동이나 사우나 등을 통하여 컨디션을 조절한다.
- 현장에는 반드시 1시간 전에 도착하여 준비에 만전을 기한다.
- 진행 전에 필요한 각종 장비를 점검한다.

쇼! 쇼를 하라!

"쇼를 하라!"

KTF는 이 광고로 2007년 '대한민국광고 대상'에서 대상을 수상했다. '쇼를 하라'고 외치는 광고는 그 자체로 하나의 쇼였다. 신선하고 독특한 발상으로 소비자의 눈길을 단번에 사로잡은 것이다.

이러한 '쇼 정신'이 커뮤니케이터에게도 필요하다. 다른 사람과 차별화된 전략을 구사해야 한다는 말이다. 한 '말빨' 하는 사람들이 넘쳐나는 세상에서 주목받기 위해서는, 화술 외에 또 다른 요소가 필요하다. 내가 연구한 바로는 국내외에서 인정받고 있는 커뮤니케이터치고 온몸을 던져 쇼를 하지 않는 사람이 없다. 강호동, 유재석, 김수로 등 연예인을 비롯해 도올 김용옥 교수, 장경동 목사, 그리고 세계적인 동기부여 전문가 앤서니 라빈스까지. 이들은 유머와 몸짓 등 특유의 노하우를 가지고 커뮤니케이션을 재미있고, 열정적인 쇼로 탈바꿈시켰다.

커뮤니케이션의 주 도구가 말이라고 해도, 이제 말만으로는 승부를 걸 수 없다. 일례로 요즘은 많은 기업들이 외부초빙특강이나 사내교육을 실시한다. 그렇다 보니 청중들의 수준도 높아져, 웬만한 강의에는 별다른 감흥을 얻지 못한다. 콘텐츠의 질이 아무리 높다고 해도, 이를 전달하는 방식이 흥미롭지 않으면 한 귀로 듣고 한 귀로 흘리기 십상이다. 그들을 사로잡기 위해서는 그들이 지금까지 접하지 못한 색다른 전달 방식이 필요하다.

여기서 한 가지 주의할 사실이 있다. 대중 커뮤니케이션을 쇼처럼 진행하라고 해서, 단순히 재미에 치중하라는 이야기가 아니라는 사실이다. 그보다 중요하게 생각할 부분은 커뮤니케이션의 구조, 즉 기승전결이다. 한 편의 쇼에는 뚜렷한 기승전결이 있다. 흥미를 불러일으키고, 집중시키고, 마지막으로 감동이나 웃음을 전달하는, 나름의 전개 방식이 있는 것이다. 프레젠테이션도 이런 식으로 전개되어야 한다. 시작부터 끝까지, 어떻게 청중으로 사로잡을 것인지 철저한 전략을 세워라.

관심을 끌어내는 첫 단계 : 소개는 SSCI 전략으로
대중 커뮤니케이션에서 자기소개는 중요한 요소다. 청중의 관심과 집중을 끌어내는 첫 단계이기 때문이다. 청중은 커뮤니케이터가 등장하는 순간, 그에게 주목한다. 그리고 그가 인사를 하기 위해 입을 여는 순간, 귀를 기울인다. 이때 평범하거나 식상한 인사말이 흘러나오면, 기대가 급감한다. 청중의 관심이 한풀 꺾인 상태에서 진행되는 커뮤니케이션은 그만큼 맥이 빠질 수밖에 없지 않겠는가? 프레젠테이션 전체를 놓고 봤을 때, 인사가 차지하는 비중은 아주 작지만 그 역할만은 결코 작지 않다.

첫째, 밝은 미소와 경쾌한 목소리로 인사한다_ 청중은 커뮤니케이터가 등장하는 순간부터 그에게 집중한다. 따라서 단상에 오를 때 몸가짐을 조심해야 한다. 곧게 편 허리, 당당하고 힘찬 걸음걸이로 자신감을 표출하라. 인사를 할 때의 포인트는 밝은 미소와 경쾌한 목소리다. 굳은 얼굴과 풀 죽은 목소리는 청중에게 '저 사람, 초짜

군', '많이 긴장한 모양인데…'라는 인상을 심어줄 수 있고, 자칫 만만하게 보일 수도 있다.

둘째, 자신만의 수식어를 만든다_ 이름을 이야기할 때는 자신을 수식할 표현 한 가지를 덧붙이는 것이 좋다. 예를 들어 "비타민처럼 힘을 주는 사람, ○○○입니다"라고 자기를 소개할 수 있다. 달랑 이름만 밝힐 때보다 당신을 확실히 각인시킬 수 있는 방법이다. 나를 대표할 수 있는, 사람들에게 알리고 싶은 이미지를 찾아 나만의 수식어를 만들도록 하자.

셋째, SSCI 전략을 활용한다_ 자기소개시간이 길어질수록 청중은 지루함을 느낀다. 공적인 자리에서는 20초~30초, 사적인 자리에서는 1분 정도가 적당하다. 자신을 알리기엔 턱없이 부족한 시간이라고 느낄 수 있겠지만, 짧고 인상 깊은 인사가 임팩트가 크다는 사실을 알아야 한다. 커뮤니케이션의 달인들은 자기를 소개할 때 SSCI 전략을 활용한다. SSCI 전략이란 Short, Smart and Clean Image의 약자로, 간략Short한 소개로 지적Smart이고 깔끔한 이미지Clean Image를 심어주는 전략을 말한다.

프레젠테이션 달인의 비밀 : EOB 법칙

프레젠테이션 전체에도 기승전결이 필요하지만, 주요 내용에서도 기승전결이 필요하다. 이야기의 기승전결을 구성하는 방식은 여러 가지가 있겠지만, 'EOB 커뮤니케이션 법칙'은 그 효과가 탁월한 방식이기에 여기서 소개하고자 한다. 이 법칙은 스토리텔링Storytelling 기법과 유사하다. 구체적으로 설명하자면 이렇다.

먼저 1단계(Example), 도입부에서는 전달하고자 하는 주제와 연관된 실제 사례나 예화 등을 먼저 언급한다. 생동감 있는 이야기는 청중의 공감을 끌어내고, 이야기에 흡입시키는 힘이 있다. 주의할 점은, 예화는 반드시 본문의 내용과 관련이 있어야 한다는 것. 예화의 비중은 전체 이야기의 70~80% 정도가 적당하다.

TIP | EOB 커뮤니케이션 법칙의 활용 예

주제 : 성공적인 프레젠테이션을 원하십니까?

- **Example** : 제가 회사 세미나에서 사회를 맡았을 때의 일입니다. 저는 매번 사회를 볼 때마다, 사전에 항상 철저한 준비를 합니다. 그날도 역시 만약에 대비하여 세미나 시작 1시간 전에 회사에 도착했습니다. 그리고 컴퓨터 전원을 켜고 파일을 확인하려는 순간, 갑자기 심각한 오류가 발생했습니다. 그 컴퓨터 안에는 지난 한 달 동안 준비한 세미나 자료가 들어 있었습니다. 정말 큰일이었죠. 중요한 세미나가 몇십 분 남지 않았는데…. 하지만 저는 당황하지 않았습니다. 왜냐고요? 다른 노트북에도 자료를 저장해두었기 때문이죠. 그 덕분에 그날의 세미나는 아무런 문제 없이 성공적으로 끝날 수 있었습니다.
- **Outline** : 만약 제가 자료를 예비로 보관하는 등의 준비를 하지 않았다면, 지금 생각해도 아찔한 순간이었습니다. 또한 미리 가서 컴퓨터를 체크하지 않았다면, 아무리 별도로 저장한 자료가 있었다고 해도 세미나 진행에 차질이 생겼겠죠.
- **Benefit** : 여러분! 성공적인 프레젠테이션을 원하십니까? 그러면 준비하고 또 준비하십시오. 준비는 실패의 가능성을 낮추고, 성공의 가능성을 높입니다. 그것이 조직에서 인정받는 핵심인재가 되는 비결입니다.

2단계(Outline)에서는 요점이나 핵심을 정리하여, 이해를 돕는다. 앞서 언급한 사례나 예화를 정리하는 단계이지만, 경우에 따라서는 바로 결론으로 넘어가도 상관없다. 이 단계의 비중은 전체 이야기의 약 10~15%가 좋다.

마지막 3단계(Benefit)에서는 다루는 주제가 안겨주는 이익이나 시사하는 바를 전달한다. 이 부분에서는 굳이 많은 시간을 할애할 필요 없이, 간단명료하게 끝내는 것이 좋다. 지금까지 좋은 분위기로 이야기를 잘 끌어왔는데, 마무리 부분이 장황해지면 모든 것을 망칠 수 있다. 전체 이야기의 3~10% 정도를 차지할 수 있도록 결론을 준비하자.

금기시 되는 주제는 피하라

많은 사람을 대상으로 하는 커뮤니케이션에서는 모두가 공통적으로 관심을 갖는 주제를 파악하기가 결코 쉽지 않다. 하지만 피해야 할 주제는 비교적 쉽게 알 수 있다. 대중 커뮤니케이션에서 금기시 되는 몇 가지 주제들이 있는데, 사람들의 반감을 살 수 있는 내용들이므로 가급적 피하도록 하자.

예를 들어 종교적인 문제나 정치색이 짙은 내용, 지역주의 문제, 노사관계 등은 매우 민감한 주제들이다. 이뿐만 아니라 성에 대한 문제, 이데올로기적인 주제 역시 불특정 다수의 대중들 앞에서 이야기하기에는 부적절하다. 경험이 많은 커뮤니케이터는 금기시 되는 내용이나 주제들을 잘 알고 있다. 그래서 아예 이러한 내용들에 대해서는 언급조차 하지 않는다. 설사 청중이 이런 주제에 대해 질문을 하더라도 "다음에 기회가 되면 말씀드리도록 하겠습니다"라며 화제를 돌리곤 한다.

만약 실수로 이런 주제에 대해 무심코 언급했다면, "이러한 주제는 현명하신 여러분의 판단에 맡기도록 하겠습니다"라는 식으로 자연스럽게 빠져나가는 센스가 필요하다. 깊게 들어갈 경우, 이야기가 궤도에서 크게 이탈할 수 있고, 청중의 기분을 상하게 만들어 분위기 자체가 흐려질 수 있다.

결론을 극적으로 연출하라

'화룡점정畵龍點睛'이라는 사자성어가 있다. 용의 눈에 점을 찍어, 마무리를 성공적으로 끝낸다는 뜻이다. 연극이나 영화, 쇼를 보면 결말에 방점을 찍는 경우가 많다. 관객들에게 가장 오래, 잘 남아 있는 부분이 결말이기 때문이다. 앞에서 전개된 내용이 아무리 좋았다고 하더라도 결말 부분에서 힘이 빠지면, 관객들은 전체에 대해 안 좋은 인상을 갖게 된다. 반대로 앞의 내용이 다소 지루했더라도, 결말에서 강한 인상을 받으면 전체를 좋게 평가하는 경향이 있다. 그것이 결말의 힘이다.

그렇기에 커뮤니케이션에서도 화룡점정이 필요하다. 어떤 식으로 마무리를 짓느냐에 따라 앞서 한 노력이 수포로 돌아갈 수도, 성공의 결실을 맺을 수도 있다. 마무리가 좋아야 전체도 좋게 기억된다는 사실을 명심하라. 여기서는 인상적인 마무리를 만드는 몇 가지 방법을 정리해보겠다.

첫째, 핵심을 간략히 정리한다_ 프레젠테이션이나 강연은 보통 1시간에서, 길면 2시간 정도 진행된다. 이 시간 동안 수많은 이야기를 했을 것이다. 물론 청중은 당신이 이야기한 모든 내용을 기억하지 못한다. 심한 경우에는 도대체 무슨 이야기를 들었는지, 아무것도 떠올리지 못하는 불상사가 발생할 수도 있다.

당신이 준비한 이야기 중, 이것만은 기억했으면 좋겠다고 생각되는 내용이 있다면 결론 부분에서 다시 한 번 강조하라. 핵심을 요약해서 정리해주면, 청중이 이해하기도 쉽거니와 체계적이고 정리가 잘된 프레젠테이션이나 강연이었다는 인상을 받게 된다.

둘째, 주제에 맞는 격언이나 고사성어를 언급한다_ 미국 공화당의 미디어 전략가이자 언어 코치로 명성이 자자한 프랭크 런츠Frank Luntz는 성공적인 언어 기술에 대한 지침서인 《먹히는 말》에서 "효과적인 커뮤니케이션에 관한 한 작은 것이 큰 것을 이기고, 짧은 것이 긴 것을 이기고, 단순한 것이 복잡한 것을 이긴다"고 설파했다. 그의 말처럼 짧고 인상 깊은 한마디는 청중의 가슴과 머리에 파고들어 오래도록 기억된다.

주제를 함축하고 있는 고사성어나 격언으로 프레젠테이션을 마무리 짓는다면, 당신의 프레젠테이션은 청중의 기억에서 쉽게 잊히지 않을 것이다. 예를 들어 "백문百聞이 불여일행不如一行. 백 번 듣는 것보다 한 번 행하는 것이 낫습니다. 오늘 제가 이야기한 내용을 반드시 실천에 옮기시기 바랍니다"라고 결론을 맺으면 청중이 주제를 이해하기도, 기억하기도 쉬워진다.

암기는 금물이다

윈스턴 처칠이 영국 의회에서 연설을 할 때의 일화다. 연설 도중 암기했던 문장을 갑자기 잊어버린 처칠은 당황한 나머지 청중들을 바라보며 멍하니 서 있을 수밖에 없었다. 아무리 머리를 쥐어짜도 다음 내용이 도저히 생각나지 않았다. 결국 그는 연설을 마무리하지 못하고 연단에서 내려오고 말았다.

"이제 더 이상 원고를 외워서 말하지 않을 거야." 이후 처칠은 원고를 절대 외우지 않았다고 한다. 대략적인 내용만 파악한 뒤, 자신의 생각대로 연설을 끌어간 것이다.

나 역시 처칠과 비슷한 경험을 한 적이 있다. 20대 초반, 웅변대회에 참가했을 때의 일이다. 꽤 중요한 대회였기에, 원고 전체를 암기하고 또 암기하며 준비에 만전을 기했다. 완벽하게 연습한 만큼 자신도 있었고, 시작은 순조로웠다. 200명이 넘는 청중들의 시선이 부담스럽긴 했지만 암기한 대로 자신 있게 웅변을 했다. 그런데 이게 웬일인가? 중간에 갑자기 내용을 잊어버린 것이다. 쥐구멍이라도 있으면 들어가고 싶은 심정이었다.

그 뒤로 나 역시 발표 내용을 절대 암기하지 않는다. 단지 전체의 틀이나 전달할 내용을 최대한 이해하고, 이를 토대로 의견을 발표한다. 지금도 연간 몇백 회에 이르는 강연을 진행하지만, 원고는 결코 외우지 않는다.

커뮤니케이터는 녹음기가 되어서는 안 된다. 암기한 내용을 그저 로봇처럼 읊어대면, 청중과 절대 교감할 수 없다. 청중이 진정으로 원하는 것은 커뮤니케이터의 가슴에서 나온 말이다. 때론 청중의 반응과 상황에 따라 내용을 조정해야 하는 경우도 있다. 그럴 때 원고를 이해하지 않고 암기만 한 사람은 유연하게 대처하기가 어렵다.

사실 요즘은 원고를 암기할 필요가 없어졌다. 비주얼 커뮤니케이션이 강세를 보이고 있기 때문이다. 비주얼 커뮤니케이션이란 파워포인트 등 시각 자료를 적극 활용한 커뮤니케이션을 뜻한다. 청중에게 꼭 전달해야 할 내용, 핵심이 되는 문구를 미리 시각 자료로 준비하여 청중과 함께 보면서 프레젠테이션을 진행하면 된다. 원고를 외울 시간이 있다면, 그 시간에 더 참신하고 효과적인 시각 자료를 준비하는 편이 낫다.

비주얼로 말하라

비주얼이 지니는 힘에 대해 미네소타 대학은 "청중에게 비주얼 자료를 보여주면서 설명한 것과 그렇지 않은 것과의 차이는 무려 43%나 난다"는 연구결과를, 펜실베이니아 대학은 "비주얼 자료는 결재 승인을 2배 빠르게 하며, 기억력을 5배 높이고, 시간을 8%나 절약한다"는 연구결과를 발표했다. 즉 사람들은 '귀로 들리는 것'보다 '눈에 보이는 것'을 더 잘 믿으며, 더 빨리 이해하고, 더 오래 기억한다.

광고업계 종사자들과 정치인들은 이러한 사실을 잘 알고 있다. 미국의 43대 대통령인 부시가 TV 연설을 할 때마다 배경에 '사회보장제도 강화', '테러와의 전쟁에서 승리하는 법' 등의 슬로건을 붙여놓은 것이 한 예다. 부시와 그의 홍보팀은 장황한 연설보다 한 줄의 문구가 지니는 힘이 더 크다는 사실을 인지하고 있었다. 또한 프린터기 제조·판매회사인 HP 사는 "컬러가 경쟁력이다"라는 카피와 함께 총천연색으로 디자인한 광고를 신문에 실었다. HP 사 역시 시각 자료의 중요성을 알고 있었던 것이다.

이제 일반 비즈니스맨도 비주얼의 중요성을 숙지해야 한다. 비주얼 자료는 커뮤니케이터의 의지나 뜻을 간단명료하게 전달하는 최고의 수단이며, 그렇기에 비주얼 커뮤니케이션은 시대가 요구하는 커뮤니케이션이다. 여기서 언급하는 비주얼 커뮤니케이션이란 프레젠테이션 자료부터, 발표자의 복장, 태도, 유인물, 현수막, 슬로건 등 모든 시각적인 커뮤니케이션 툴을 말한다.

깔끔한 용모로 대중의 시선을 잡아라

당신이 이야기를 시작하기 전에 사람들이 먼저 접하는 것은 당신의 용모다. 이때 어떤 인상을 남기느냐에 따라 이야기에 대한 사람들의 반응이 달라질 수 있다. 단순히 외모가 뛰어나고 뛰어나지 않고의 문제가 아니다. 외모보다는 표정, 복장, 인사법 등에 의해 당신의 첫인상이 좌우된다는 이야기다.

공식적으로 발언을 하거나 프레젠테이션을 하는 자리에서는 너무 튀거나 현란한 복장을 피하는 것이 좋다. 복장이 청중의 관심을 분산시켜, 이야기에 대한 집중도를 떨어뜨릴 우려가 있다. 성공적인 프레젠테이션을 위해 복장에 과도하게 신경을 썼다면 주객이 전도된 꼴이다.

남성의 경우, 짙은 색 정장에 밝은 색 와이셔츠를 입으면 무난하다. 넥타이는 고상한 색이 좋지만, 계절에 따라 화려한 색상으로 포인트를 주는 것도 나쁘지 않다. 구두는 되도록 검정색 구두를 권하고 싶다. 여성의 경우에는 깔끔하면서도 단정한 투피스 정장이나 바지 정장 정도면 괜찮다. 구두 역시 옷에 어울리는 색깔의 단화나 하이힐이면 크게 무리가 없다. 남녀 모두 지갑이나 열쇠 뭉치, 휴대전화 등은 몸에 지니지 않고 별도의 장소에 보관하는 것이 좋다.

CHECK | 강연이나 프레젠테이션 시 사전 용모 체크 리스트

용 모

- ☐ 머리는 단정한가?(적당한 길이에 분위기와 어울리는 헤어스타일)
- ☐ 얼굴은 깔끔한 이미지를 주는가?(너무 짙지 않은 화장)
- ☐ 수염이나 코털 등도 깔끔히 정리되어 있는가?
- ☐ 안경은 깨끗이 닦아 깔끔한 이미지를 주는가?
- ☐ 환한 미소와 더불어 편안한 인상을 주는가?

복 장

- ☐ 옷의 스타일이나 색상은 강연 장소 등에 어울리는가?
- ☐ 옷에 구김이나 얼룩은 없는가?
- ☐ 너무 화려하거나 눈에 띄는 색상이나 디자인은 아닌가?
- ☐ 불필요한 액세서리나 벨트 등을 착용하지 않았는가?

자 세

- ☐ 청중들 앞에 똑바로 선 자세로 당당하게 진행을 하는가?
- ☐ 불필요한 동작이나 너무 산만한 움직임은 없는가?
- ☐ 단정하면서도 세련된 매너와 태도로 청중을 대하는가?

파워포인트를 적극 활용하라

내가 아는 국내 대표 건설업체 중의 하나인 A건설은 신입사원이 들어오면 파워포인트로 비주얼 자료를 제작하는 법부터 집중적으로 교육한다. 공개 입찰 등 프레젠테이션이 많은 건설업계에서는 비주얼 자료 제작 능력이 중요한 업무 능력이기 때문이다.

하지만 굳이 건설업체가 아니더라도 비주얼 자료 제작 능력은 필요하다. 요즘은 일반 기업에서도 웬만한 보고서는 파워포인트로 제출한다. 심지어 초등학교부터 대학교까지, 학교에서도 수업과제를 파워포인트를 이용해 발표하는 것이 일반화되어 있다시피 하다. KT의 남중수 사장은 강연뿐만 아니라, 심지어 취임사까지도 파워포인트를 활용한 비주얼 커뮤니케이션으로 진행한다고 한다.

이처럼 파워포인트를 활용한 비주얼 커뮤니케이션이 뜨고 있는 이유는 그만큼 효과가 탁월하기 때문이다. 몇 가지만 살펴보자면 이렇다.

일단 시각 자료는 청중의 집중도를 높여준다. 청중 역시 이야기를 들으면서 눈을 어디에 둬야 할지 고민하는 경우가 많은데, 비주얼 자료가 있으면 고민할 필요 없이 단상을 바라볼 수 있다. 또한 단순히 말만 할 때보다 내용을 더욱 명료하고 논리적으로 청중에게 전달할 수 있다. 당연히 청중의 흥미도 높아지고, 이해도 빨라지게 된다. 한 번 만든 자료는 수정이나 보완을 통해 재사용이 가능한 만큼 경제적이기도 하다.

그렇다고 파워포인트가 청중에게만 이점을 안겨주는 것은 아니다. 프레젠터는 자료를 보면서 프레젠테이션을 진행하는 만큼, 암기에 대한 부담감에서 벗어날 수 있다. 불안감이나 떨림도 많이 줄일 수 있어 원활한 진행을 도와준다.

TIP | 효과적인 파워포인트 제작법

- 문장은 한눈에 들어오도록 단문으로 작성한다.
- 슬라이드는 한 줄에 한글의 경우 약 30자, 영문의 경우 약 40자를 삽입하는 것이 좋다.
- 본문 텍스트의 글자 크기는 16~25포인트 정도가 적당하다.
- 헤드라인의 글자 크기는 30~50포인트 정도가 좋다.
- 한 페이지에는 5~10줄 정도의 텍스트가 들어가게 배치한다.
- 서체는 2~3개 정도로 통일하는 것이 보기에 깔끔하다.
- 제목은 '헤드라인체', 내용은 '고딕체'가 가장 무난하다.

몸짓으로 오감을 자극하라

커뮤니케이션, 즉 말의 표현 방법은 크게 입말 Oral Communication 과 몸말 Body Communication 로 나눌 수 있다. 이때의 몸 말은 앞서 이야기한 청자의 몸 말과는 조금 다른 개념이다. 청자의 몸 말이 반응이라면, 커뮤니케이터의 몸 말은 바디랭귀지라 할 수 있다. 즉 얼굴 표정이나 시선, 손짓, 움직임 등을 일컫는다.

광고회사에 다니는 윤 대리는 회사에서 '프레젠테이션 하면 윤 대리'라는 평가를 들을 만큼 프레젠테이션에서 탁월한 능력을 보이고 있다. 평소에 말이 느려서 '답답하다'는 이야기를 종종 듣기도 하는 그가 프레젠테이션에서는 마치 '물 만난 고기'처럼 뛰어난 역량을 발휘한다.

윤 대리의 성공 비결은 몸 말을 적극적으로 활용한 데 있다. 그는 어눌한 말투라는 취약점을 극복하기 위해 효과적인 바디랭귀지를 적극적으로 연구했다. 어떻게 하면 청중의 시선을 끌 수 있는지, 청중의 관심을 끌기 위한 동작에는 무엇이 있는지를 고민한 것이다. 청중의 호감을 사는 자세와 복장도 열심히 연구했다. 그리고 화술의 부족함은 깔끔하게 정리된 파워포인트 자료로 보완했다.

전략은 정확히 들어맞았다. 사람들은 윤 대리가 준비한 자료와 그의 몸짓에 주목함으로써 이야기에 빠져들었다. 말이 느리고 어눌한 것은 별 문제가 되지 않았다.

현대의 사람들은 강한 자극에 노출되어 있다. 현란한 영상과 화려한 사운드가 TV, 길거리 등 곳곳에서 사람들을 사로잡는다. 이처럼 자극에 '길들여진' 사람들의 청각만 공략한다는 것은 과하게 표현하자면 시대착오적인 발상이다. 이제 청중들은 한 가지 자극에는 별다른 감흥을 느끼지 못하니 말이다. 그렇기에 커뮤니케이터는 능수능란한 언변뿐 아니라 시선을 끄는 몸짓도 갖춰야 한다. 청중의 오감을 자극해야 성공한 프레젠테이션이다.

단순히 몸을 많이 움직이라는 이야기는 아니다. 과도한 몸짓은 오히려 청중의 집중을 방해할 수 있다. 몸짓, 즉 바디랭귀지에도 나름의 스킬이 있는 것이다.

단정한 자세로 호감을 사라

자세가 곧 사람을 말한다. 몸을 비비 꼬거나 구부정하게 서 있는 사람은 청중에게 부정적인 인상을 심어주기 쉽다. '보기 좋은 음식이 먹기도 좋다'는 속담이 있는데, 커뮤니케이션에도 그대로 적용되는 이야기가 아닌가 싶다. 보기 좋은 자세로 말하는 사람의 이야기가 듣기에도 좋은 법이다.

프레젠테이션을 할 때는 허리를 똑바로 펴고 양발을 10~15cm 정도로 벌리고 서라. 서 있는 자세가 너무 경직되어 있으면 보는 사람에게도 불편함을 줄 수 있으므로, 자연스럽게 자세를 잡아야 한다. 팔짱을 끼거나 약간 삐딱하게 서는 것은 절대 금물이다. 시선 처리도 중요한데, 청중 한 명 한 명과 부드러운 시선으로 눈을 맞춰야 한다.

무엇보다 프레젠테이션에서 주의할 부분은 마이크 사용법이다. 다수의 청자를 대상으로 하는 커뮤니케이션에서는 마이크를 사용하는 경우가 많은데, 프레젠테이션의 달인들은 마이크 하나를 잡는 자세에서도 '폼'이 난다.

마이크는 중간 정도 위치를 가볍게 잡는 것이 좋다. 입과의 간격은 10~15cm 정도를 유지해야 하는데, 너무 가까우면 잡음이 울려 청중에게 불편함을 줄 수 있다. 간혹 마이크의 줄을 잡고서 꼬거나 불안한 듯 두 손으로 마이크를 잡는 사람이 있는데, 보기에 좋지 않으니 피하도록 하자. 또한 초보자들의 경우 마이크를 테스트한다고 "아, 아, 하나, 둘" 등의 소리를 내보는 경우가 있는데, 이 역시 삼가야 할 행동이다. 커뮤니케이션을 무의미한 잡음으로 시작해서 좋을 것이 무에 있겠는가? 마이크로 얼굴을 가리고 말하는 경우도 지양해야 하는 행동 중의 하나다. 청중이 커뮤니케이터의 얼굴을 읽는 것을 막아서는 안 된다.

프레젠터의 손짓은 또다른 언어다

의외로 이야기를 할 때 손 처리를 제대로 못하는 사람이 많다. 손을 계속 만지작거린다든지, 아니면 어디에 둘지 몰라 계속 갈팡질팡하는 경우다. 프레젠터의 손짓이 자연스럽지 못하면 청중의 시선이 계속 손으로 쏠려서, 결과적으로 이야기에 집중하지 못하는 불상사가 발생하기 쉽다.

프레젠테이션을 할 때는 한쪽 손은 마이크를 잡고, 다른 쪽 손은 자연스럽게 아래로 내리거나 또는 적절한 핸드 제스처를 취하면서

TIP | 프레젠터가 주의해야 할 사항들

- 자기도 모르게 바닥이나 창 쪽을 보면서 말하지 않는가?
- 왠지 불안한 듯 두 손을 가만히 두지 못하는가?
- 얼굴이 벌겋게 되면서 말을 더듬거나 안절부절못한 적은 없는가?
- 한 자리에 가만히 있지 못하고, 왔다 갔다 한 적은 없는가?
- 일체의 미동도 없이 무표정하게 말하지는 않는가?
- 말이 너무 빠르거나 느려서 청중에게 불안감을 주지는 않았는가?
- 뒷짐을 지거나 팔짱을 낀 자세를 취하지는 않았는가?
- '에, 또, 아, 저, 음' 등의 불필요한 말을 반복하지는 않았는가?
- '그래서, 그리고, 그런데' 등의 접속사를 과도하게 사용하지는 않았는가?
- 눈을 자주 깜박거리지는 않았는가?

진행을 하는 것이 바람직하다. 또한 호주머니에 손을 넣는 것은 보기에도 좋지 않을 뿐 아니라 예의에도 어긋나니 삼가야 한다. 어쨌거나 청중의 시선이 손으로 가는 일을 최대한 피하는 편이 좋다.

혼자서 훈련하기가 힘들다면, TV 오락 프로그램의 MC들을 보면서 연습하는 것도 좋은 방법. 그들이 어떤 식으로 시청자의 눈을 사로잡는지 연구하고, 거울을 보면서 연습하라.

움직임은 규칙적으로

프레젠테이션에서 몸짓이 중요한 부분을 차지하기는 하지만, 너무 현란하거나 잦은 움직임은 오히려 효과를 반감한다. 움직임은 어디까지나 커뮤니케이션을 돕는 보조 도구라는 사실을 염두에 둘 필요가 있다.

미리 짜놓은 동선에 맞춰 규칙적으로 움직이는 것이 가장 효과적이다. 한 자리에 서서 미동도 없이 이야기를 하면, 청중은 지루함을 느낀다. 또한 커뮤니케이터가 왔다 갔다를 반복하면 불안함을 느끼게 된다. 프레젠테이션 자료를 보면서 어떤 식으로 움직일지에 대한 동선을 미리 연구하라. 청중의 주목을 끌어야 할 대목에서 한 걸음 앞으로 나간다든가 하는 식으로 말이다.

이때 주의할 사실은 이러한 움직임이 청중이 눈치 채지 못하도록 자연스럽게 이루어져야 한다는 점이다. 움직임 하나하나에 치밀한 계산이 요구되지만, 계산된 움직임이라는 사실을 들켜서는 안 된다.

MASTERS OF COMMUNICATION

프레젠테이션 summary

- 연습도 리허설도 실전처럼 하라. 장소부터 복장, 자료까지 모든 것을 완벽하게 준비한 상태에서 연습해야 돌발 상황을 예측하는 것도 가능해진다.

- 정보를 수집하고 자료를 조사할 때는 3P 분석법(목적Purpose, 사람People, 장소Place)을 활용하는 것이 좋다. 즉 프레젠테이션의 목적이 무엇인가, 어떤 사람이 참석하는가, 어떤 장소에서 진행되는가를 파악해야 한다는 말이다.

- 프레젠테이션은 한 편의 쇼처럼 진행되어야 한다. 청중들이 지금까지 접하지 못한 색다른 방식으로 프레젠테이션하라.

- 마무리가 좋아야 깊은 인상을 줄 수 있다. 핵심을 다시 한 번 정리하거나, 주제에 맞는 격언이나 고사성어로 결론을 맺어라.

- 비주얼 자료는 프레젠테이션이나 강연의 내용을 간단명료하게 전달하는 최고의 수단이며, 그렇기에 비주얼 커뮤니케이션은 시대가 요구하는 커뮤니케이션이다.

- 올바른 매너와 복장, 태도도 비주얼 요소라는 사실을 잊지 마라.

- 이제 청중들은 한 가지 자극으로는 별다른 감흥을 느끼지 못한다. 그렇기에 커뮤니케이터에게 능수능란한 언변뿐 아니라 시선을 끄는 몸짓도 요구된다. 몸으로 말하라.

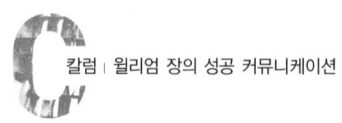
칼럼 | 윌리엄 장의 성공 커뮤니케이션

자신만의 내비게이션을 장착하라

나는 연간 몇백 회에 걸쳐 특강과 세미나를 진행한다. 전국 방방곡곡 나를 찾는 곳은 어디든 달려간다. 초행인 곳도 많지만 아직껏 길을 잃고 헤맨 적은 한 번도 없다. 내비게이션 덕분이다. 이 신통한 기기는 목적지까지 나를 친절하게 안내한다. 막히지 않는 길까지 알려주어 도착시간을 단축해주기도 한다.

우리 삶에도 이런 내비게이션이 있다면 얼마나 좋을까? 나의 꿈으로 가는 길을 안내해주는 기기가 있다면, 시행착오를 겪을 일도 실패하고 좌절할 일도 없을 테니 말이다.

그런데 실제로 우리 삶에도 내비게이션이 있다. 말도 안 된다고? 하지만 내 주변에는 이 내비게이션을 이용해 인생을 바꾼 사람들이 아주 많다. 일례로 내가 교육을 담당했던 금융감독원의 한 직원을 들 수 있다.

"저는 오늘 이 교육을 통해 가장 중요한 사실을 발견하게 되었습니다. 바로 '적자생존의 법칙'입니다. 물론 원래의 의미 그대로를 말하는 것은 아니죠. 환경에 적응하는 사람만이 살아남는다는 말이 아니라 비전을 적는 사람만이 살아남는다는 뜻입니다. 그러니까 '(비전을) 적자' 생존의 법칙이죠. 오늘부터 비전 카드에 제가 꿈꾸는 내일을 적어서 틈날 때마다 꺼내 보며 반드시 살아남겠습니다."

그렇다. 삶의 내비게이션은 바로 한 장의 '비전 카드'이다. 당신이 바라는 내일, 당신이 이루고자 하는 목표를 적어놓은 카드 말이다. 힘들고 지칠 때, 일이 생각대로 풀리지 않을 때, 모든 것을 포기하고 싶을 때마다 그 카드를 꺼내 보라. 당신이 직접 기록한 당신의 비전이 당신을 독려하고, 새로운 의지를 불어넣을 것이다. 실제로 사례로 든 그 직원은 비전 카드라는 인생의 내비게이션을 장착한 후, 승승장구하여 회사에서 인정받는 핵심인재로 성장했다.

지금 이 책을 읽는 당신의 목표는 커뮤니케이션 기술을 향상시켜, 결과적으로 성공하는 사람이 되는 것일 거라고 생각한다. 그렇다면 그 내용을 비전 카드에 적어라. 그리고 틈날 때마다 꺼내 보면서 당신을 채찍질하라. 비전 카드는 당신만의 내비게이션이 되어 당신이 가고자 하는 길로 곧장 이끌 것이다. MASTERS OF COMMUNICATION

부록

상황별 커뮤니케이션 예문

- 대화할 때

- 보고할 때

- 회의할 때

- 협상할 때

- 영업할 때

- 프레젠테이션할 때

| 대화할 때 사용하면 좋은 말 |

처음 만나는 사람과 인사를 나눌 때
- "안녕하십니까? 인상이 참 좋으시네요."
- "만나 뵙게 되어 영광입니다."
- "반갑습니다. 워낙 칭찬이 자자해 꼭 한 번 뵙고 싶었습니다."
- "첫 만남인데 이렇게 익숙한 느낌을 받기는 처음입니다. 좋은 인연이 될 것 같습니다. 잘 부탁드립니다."
- "처음 뵙겠습니다. ○○기업에서 근무하고 있는 ○○○ 입니다."

업무에 관해 칭찬할 때(부하직원에게)
- "준비를 많이 한 흔적이 보입니다. 김 대리는 늘 믿음이 갑니다."
- "제안의 수준이 높습니다. 관련 분야에 대한 최신 정보를 꿰고 있다는 생각이 듭니다."
- "김 과장이 제안하면 내가 늘 긴장이 돼. 분명 이 기획도 프로젝트로 추진될 것 같은데!"
- "정확성과 정교함, 치밀함까지 갖춘 훌륭한 보고서군요."
- "자네는 박지성 같은 멀티플레이어야. 어떤 일이든 믿고 맡길 만해. 훌륭해!"
- "자네 덕분에 일이 잘 처리되었어. 고맙네."
- "이 대리는 일하는 방법을 아는 것 같아. 다른 사람과 같은 노력과 시간을 들여도 늘 최상의 결과를 내는군."

업무에 관해 칭찬할 때(상사에게)

- "와우! 창의적인 발상입니다. 저는 왜 이런 생각을 못했을까요? 대단하십니다."
- "팀장님의 안목에 깜짝 놀랐습니다. 항상 한발 앞서 변화를 예측하시는 능력에 감탄할 따름입니다."
- "저의 아이디어가 부끄러워지는데요. 정말 신선한 기획입니다."
- "김 팀장님은 정말 프로젝트 매니저답습니다. 팀장님의 프로젝트에 참여하는 것은 언제나 저를 설레게 합니다. 이번에도 함께 일하는 과정이 정말 즐거웠습니다."
- "팀장님, 제가 사장님이라도 팀장님께 일을 맡기고 싶을 겁니다. 이번 결과만 봐도 그렇습니다. 정말 타의 추종을 불허하시는군요."
- "부장님의 기획은 늘 새로운 정보가 가득합니다. 도대체 이런 소스를 어디서 얻으십니까?"

외모에 관해 칭찬할 때

- "옷이 참 잘 어울리세요. 저는 그런 옷은 소화할 수가 없어요. 정말 부럽네요."
- "이발하셨군요. 덕분에 사무실 분위기까지 산뜻해졌어요."
- "안경을 바꾸셨군요. 지적이면서도 젠틀한 느낌이 들어요."
- "김 과장은 옷 하나를 입어도 프로답게 깔끔해서 좋아요."
- "헤어스타일을 바꿨군요. 김 대리의 이미지에 잘 어울려요."

장점을 칭찬할 때

- "이 부장님에게서는 반드시 해결책이 나오는 것 같습니다. 이렇게 할 수 있는 분은 부장님뿐입니다."
- "이번 프로젝트에 김 대리가 꼭 참여해주었으면 해. 프레젠테이션 능력은 김 대리가 탁월하잖아."
- "볼 때마다 느끼지만, 김철수 씨는 대인관계의 달인 같아. 도대체 그 비결이 뭔가?"
- "김영미 씨. 자료조사 좀 부탁할게요. 우리 회사에서 자료조사를 가장 잘하는 사람이 영미 씨 맞죠?"
- "윤 주임의 강점은 냉철하고 이성적인 사고 같아요. 저도 꼭 배우고 싶은 부분이에요."

조언을 받았을 때

- "좋은 말씀 감사합니다. 저도 그렇게 생각하고 있었습니다."
- "제가 놓치고 있는 부분을 정확하게 짚어주셨습니다. 잘 새겨서 고쳐 나가도록 하겠습니다."
- "그렇군요. 저는 늘 문제점을 이야기하는데 팀장님은 항상 대안을 제시하십니다. 그게 바로 제가 팀장님을 존경하는 이유입니다."
- "저에게 약이 되는 충고 감사합니다. 아무도 저에게 그런 이야기를 해주지 않았는데, 역시 팀장님은 다르시군요."
- "날카롭게 지적하면서도 따뜻한 배려가 묻어나는 말씀, 감사합니다."

도움을 받았을 때

- "늘 저에게 도움이 되어주시는군요. 항상 마음에 새기고 있습니다. 기회가 되면 꼭 한 번 대접해드리고 싶어요."
- "서비스 정신이 투철하신 분이시군요. 제가 고객이라도 김 과장님에게서 못 빠져나갈 것 같습니다."
- "정말 큰 도움이 되었습니다. 저의 도움이 필요할 때 꼭 말씀해주십시오."
- "어쩜, 제 문제를 정확하게 파악하시고 먼저 도움을 주시다니!"
- "과연 소문대로군요. 내가 어려울 때 나타나 최고의 해결사가 되어주었어요. 앞으로도 이 부분은 이 대리에게 일임하겠습니다."

축하할 일이 생겼을 때

- "이 팀장님 축하드립니다. 그렇게 열심히 노력하시더니, 결국 이렇게 큰 성과를 거두시는군요. 그간 책임을 맡아 마음고생이 얼마나 크셨어요. 팀장님의 성공을 보니 제 일처럼 기쁩니다."
- "축하드립니다. 마땅히 받아야 할 상을 받으신 것입니다. 너무 겸손해 하지 마십시오."
- "불가능하다고 다들 포기하고 떠밀던 일을, 이렇게 보란 듯이 해결하시니 놀랍습니다. 그야말로 '마이더스의 손'입니다. 대단하십니다."
- "축하드립니다. 그러나 저러나 그 비결 좀 가르쳐주십시오. 팀원들을 강력한 팀워크로 묶어, 목표를 향해 나가게 만드는 그 방법을 꼭 배우고 싶습니다. "

- "대단하십니다. 경쟁구도에서 누군가 앞서 나가면 다들 배 아파할 텐데, 모두가 축하를 건네는 걸 보니 팀장님께서 거둔 성과야말로 진정한 성공입니다."
- "소식 들었습니다. 결국 이렇게 해내다니…. 그간 애쓴 걸 아는 나로서는 무척 기쁩니다."

위로나 격려를 건넬 때

- "과장님, 힘내십시오. 끝까지 최선을 다하신 거 알고 있습니다. 결과와 관계없이 과장님의 헌신과 노력을 존경합니다."
- "누구나 처음에는 그럴 수 있습니다. 조금씩 보완하면 됩니다."
- "위대한 사람은 실수를 통해 크는 것입니다. 위대한 사람이 될 자격이 있어요."
- "이 정도에 주저앉을 수는 없습니다. 에디슨은 1만 번 실패하였는데도 전혀 기죽지 않았어요. 그러면서도 자기는 실패한 게 아니라 전구에 불이 들어오지 않는 방법을 발견했다고 말하지 않았습니까? 힘내십시오."
- "나도 비슷한 실수를 많이 했어요. 어렵고 힘든 부분이에요. ○○○씨가 부족해서 그런 것이 절대 아닙니다."
- "실수 없는 사람이 어디 있습니까? 같은 실수를 반복하지 않도록 노력하는 것이 중요합니다."
- "괜찮네. 처음부터 잘하는 사람이 어디 있겠나? 낙심하지 말고 더 힘을 내도록 하게."
- "실수를 인정하는 태도가 인상적입니다. 힘내요."

| 보고할 때 사용하면 좋은 말 |

자신의 성과를 설명할 때

- "이번 프로젝트의 목적은 ~였으며, ~동안 진행하였습니다. 그 결과 목표하였던 성과의 ○○%를 달성하였습니다. 이에 따른 직접 이익은 ~이며, 간접 이익은 ~로 예상됩니다. 수치상으로 볼 때, 성공한 프로젝트임을 확신합니다."
- "이번 업무는 목표했던 것보다 기간이 단축되었으며, 그러면서도 완성도가 높게 나왔습니다. 도와주신 분들이 있었기에 가능한 일이었습니다. 저보다는 팀원들의 수훈이 크다고 생각합니다."
- "이번 프로젝트에 대한 결과를 보고드리겠습니다. 보고 내용은 크게 세 가지입니다. 먼저 ~, 다음으로는 ~, 마지막은 ~에 대해 말씀드리겠습니다."
- "이번 업무에서 거둔 성과에 대해 몇 가지 수치를 중심으로 보고하겠습니다. 그리고 마지막으로는 보완점에 대해 브리핑하겠습니다."
- "○○팀 ○○○입니다. ~에 대해 보고드립니다. 자세한 내용은 보고서에 기술되어 있기에, 여기서는 간단히 프로젝트 성과에 대해서만 말씀드리겠습니다."
- "이번 프로젝트는 성공했다고 생각합니다. 이유는 두 가지입니다."
- "우리 ○○팀의 업무에 관심을 가져주셔서 진심으로 감사드립니다. 덕분에 프로젝트에서 소기의 목적을 달성할 수 있었습니다."

객관적이고 논리적으로 보이는 표현

- 숫자 사용_ "고정비용은 ~이며, 변동비용은 ~입니다. 여기에 대비해 예비비를 ~수준으로 준비해놓은 상태입니다."
- 통계 사용_ "이 서비스에 대한 충성고객은 이미 70%를 넘은 상태입니다. 약관 변경 시 이탈 고객을 최대한 10%로 잡아도, 평년도 충성고객률을 5% 웃도는 수치입니다. 따라서 약관 변경을 추진하는 데에 무리가 없다고 판단하고 있습니다."
- 인용문 사용_ "이 건에 대해 금융감독원의 발표에 따르면, '고객이 자신의 의지와 상관없이…'라고 합니다."
- 논리적 연결_ "이 부분에 대한 저의 생각은 ~입니다. 그 이유는 크게 두 가지입니다. 첫째, ~이고, 둘째, ~입니다."
- 구체적 시제_ "신기술 개발을 위한 ○○프로젝트를 시작한 시점은 2007년 8월 31일이었습니다."

| 회의할 때 사용하면 좋은 말 |

상대편과 의견이 첨예하게 대립할 때

- 대립적 접근_ "여기서 우리가 좀 더 냉정하게 접근해볼 것을 권합니다. ○○○께서 말씀하신 취지는 공감하지만, 내용과 형식, 그리고 절차 면에서 짚고 넘어가야 할 오류가 있습니다. 일단 내용 면에서 사업의 타당성에 문제가 있습니다."
- 분석적 접근_ "이 부분에 대해서는 서로 평행선을 달릴 수밖에

없는 것 같습니다. 큰 틀에서 접근하다 보니 입장에 따라 의견이 첨예하게 나뉘는군요. 따라서 사안을 몇 개의 소주제로 나누어 논의해볼 것을 제안합니다. 실태와 원인, 그 배경과 전망의 주제로 다시 접근해보겠습니다."

의견을 간단명료하게 정리하고 싶을 때
- "결론적으로 제가 드리고 싶은 제안은 두 가지입니다. 첫째는 ~입니다. 둘째는 ~입니다."
- "이번 주제에 대해 저는 한 가지는 동의하고 또 다른 한 가지에는 이견이 있습니다. 동의하는 점은 ~입니다. 이견이 있는 부분은 ~입니다."
- "제가 말씀드리고 싶은 핵심은 이렇습니다. ~라는 것입니다."
- "정리하여 말씀드리겠습니다. 저의 주장은 크게 두 가지입니다. 내부적으로 ~라는 측면이 있고, 외부적으로 ~라는 측면이 있습니다."

질문으로 설득하고 싶을 때
- "정말 그렇게 생각하십니까? 주장의 근거는 무엇입니까?"
- "~란 이유로, 저는 이번 프로젝트가 성공하리라 확신하는데, ○○○ 씨는 어떻게 판단하십니까?"
- "자료를 찾아 보니 방금 ○○○ 씨의 의견과는 정반대되는 내용이 있는데, 이 점은 어떻게 설명하시겠습니까?"

협상할 때 사용하면 좋은 말

상대의 의견에 동조할 때

- "제대로 이해하고 계십니다. 제가 확인한 내용과도 정확하게 일치합니다."
- "○○○ 께서 말씀하신 정보는 제가 가지고 있는 데이터와 비교해보았을 때도 크게 문제없습니다."
- "말씀하신 부분은 틀림없는 사실입니다. 그 부분에 대해서만큼은 저도 다른 의견이 없습니다."
- "좋습니다. 인정합니다. 그 부분에 대해서는 저도 같은 생각입니다."
- "그렇군요. 정말 안(잘) 됐습니다."

자기 확신을 드러내고 싶을 때

- "여러 가지 근거를 토대로 나온 결론은 ~이며, 이 부분에 대해 저는 확신하고 있습니다."
- "이 부분에 대해 저는 국제보고서에 실린 통계 자료를 근거로 제시합니다. 근거를 꼼꼼히 살펴보신다면 저의 입장을 충분히 이해하실 수 있을 것입니다."
- "제가 백 번 양보하려는 마음으로, 결과수치와 조건들을 살펴보았지만 여전히 저의 생각은 변함이 없으며 오히려 더욱 큰 확신을 갖게 되었습니다."
- "아무리 고민해봐도 제 생각에는 변함이 없습니다. 그만큼 확

실하기 때문입니다."
- "이 문제에 대해 양측 사이에 정반대의 의견 대립이 있습니다. 누군가는 지금 정확하지 않은 정보를 바탕으로 협상에 임하고 있습니다. 그리고 저는 제가 가진 정보에 대해 분명한 확신을 가지고 있습니다."
- "우리는 영리를 추구하는 기업입니다. 저는 이 협상이 새로운 패러다임을 여는 계기가 되었으면 합니다. 양측이 모두 윈-윈하여 이윤을 추구할 방법이 분명 있다고 확신합니다. 우리 모두 좀 더 마음을 열고 상대의 의견을 들어보았으면 합니다."

상대로부터 YES를 얻어내고 싶을 때
- "협상을 진전시키기 위해서 우리는 간단한 단계를 밟아야 합니다. 일단 사안을 부분적으로 쪼개 상대측의 의견에 동의할 수 있는 부분을 확인했으면 합니다. 이런 방식으로 간격을 점차 줄여 나갔으면 합니다."
- "일단 한 가지를 확인하고자 합니다. 이 협상을 반드시 좋은 방향으로 이끌기 위해, 충분히 귀를 열고 듣자는 것입니다. 이 부분에 대해 ○○○께서도 같은 마인드를 가져주시기를 부탁드립니다."
- "우리 쪽에서는 앞서 ~부분을 양보하였습니다. 지금 논의하는 부분에 대해서만은 양보를 부탁드립니다."
- "우리가 지금 협상을 하고 있는 목표가 무엇입니까? 단순히 말씨름을 하려고 나오신 자리는 아닐 거라고 믿습니다. 저 또한 그러합니다. 서로에게 이익이 될 부분을 찾았으면 합니다."

| 영업할 때 사용하면 좋은 말 |

분위기를 화기애애하게 만드는 소개

- "안녕하십니까? 제 이름은 ○○○ 입니다. 이름이 그렇다 보니 별명이 ○○입니다. 약간 닮지 않았습니까?"
- "안녕하십니까? 이 여름의 무더위를 팥빙수처럼 시원하게 식혀줄 남자 ○○○ 입니다."
- "○○ 기업의 촉망받는 기대주 ○○○ 입니다. 오늘 고객님이 저를 만나신 걸, 결코 후회하지 않도록 만들어드리겠습니다."
- "○○ 기업의 '족집게' ○○○ 입니다. 제가 왜 족집게냐고요? 고객님이 바라는 상품이 무엇인지, 말씀을 하지 않으셔도 콕 집어낸다고 해서 족집게입니다."

고객을 띄우는 칭찬

- "고객님을 뵙는 순간, '필'이 왔습니다. '아, 이분은 좋은 상품을 고를 줄 아는 안목이 있는 분이구나.' 아마 틀림없이 저희 제품을 마음에 들어 하실 겁니다."
- "실례되는 질문인지 압니다만, 나이가 어떻게 되시는지요? 너무 젊어 보이셔서 드리는 말씀입니다."
- "아니, ○○ 기업이 고객님이 다니시는 회사란 말입니까? 몰라 뵈어서 죄송합니다. 인물만 훤하신 줄 알았더니, 능력까지 출중하신 분이었군요. ○○ 기업은 모두가 선망하는 회사입니다."
- "연예인 ○○○ 씨를 닮았다는 이야기 들어본 적 없으십니까?"

- "예의에 어긋나는 것 같지만, 여쭤보고 싶은 것이 있습니다. 머리를 어디서 하셨는지요? 기품 있고, 우아해서 저도 그 미용실에 가볼까 해서요. 제가 다니는 미용실은 가격은 비싼데 이런 헤어스타일이 도저히 안 나오더라고요. 모델이 달라서일까요?"

대부분의 사람들이 공통으로 관심을 갖는 주제
- "요즘 시장에 나가기 무서우시죠?"
- "아이들 키우기 힘드시죠?"
- "요즘 경기가 워낙 불황이라, 다들 많이 힘들어 하더군요. 하시는 사업은 잘 되시나요?"
- "날씨가 계절에 어울리지 않게 춥네요. 혹시 감기에 걸리지는 않으셨습니까? 건강이 최고입니다. 몸 챙기세요."

고객에게 환상을 심어주는 말
- "연예인 ○○○ 씨 아시죠? 그분이 동안을 유지하는 비결이 바로 저희 화장품 덕분입니다. 고객님이 이 화장품을 사용하시는 순간, ○○○ 씨 같은 동안을 갖게 되실 겁니다. 지금도 피부가 좋으시지만, 이 화장품을 쓰시면 한층 젊어 보이실 겁니다."
- "요즘은 자동차가 사람을 말해준다고 하지 않습니까? 고객님께서 이 차를 모시면, 사람들의 시선이 달라질 겁니다. 단순히 가격이 비싼 차라서 그런 것이 아닙니다. 이 차는 '품위'와 '교양'을 상징합니다."

프레젠테이션할 때 사용하면 좋은 말

사람들을 한 번에 집중시키는 말

- "프레젠테이션에 앞서 한 가지 약속과 한 가지 귀여운 거짓말을 하고 시작하겠습니다. 오늘 프레젠테이션은 매우 짧을 것입니다. 그리고 상당히 흥분되는 시간이 될 것입니다. 자, 둘 중에 하나는 약속이고 다른 하나는 거짓말입니다."
- "수많은 프레젠테이션에 이미 질리신 여러분, 오늘만큼은 지루함을 느끼지 못하실 겁니다. 기대하십시오."
- "미소로 문을 열겠습니다. 일단 예쁜 미소를 지으십시오. 그 모습 그대로 고개만 돌려 옆 사람에게 인사하겠습니다."
- "칭찬으로 문을 열겠습니다. 옆의 사람과 악수하며 인사해주세요. 그리고 순간적으로 그 사람의 칭찬 포인트를 잡아 바로 칭찬해주십시오."
- "오늘 프레젠테이션의 제목을 큰 소리로 한 번 읽어보겠습니다. 시~작!"
- "감사합니다. 저는 이 분위기를 사랑합니다. 눈부신 조명, 그 조명보다 더욱 반짝이는 여러분의 눈빛, 열기로 훈훈해진 공기, 이 모든 것이 어우러진 '긴장감'이 저를 뜨겁게 합니다."
- "안녕하십니까? 오늘 프레젠테이션은 특별히 기존의 프레젠테이션과는 다른 방식으로 진행하겠습니다. 바로 쌍방향 프레젠테이션입니다. 저 혼자만 진행하는 것이 아니라 여러분과 함께하겠다는 뜻입니다. 제가 질문을 던지면 꼭 대답해주시기 바랍니다."

참신한 소개 멘트

- "안녕하십니까? 청중의 잠을 깨우는 프레젠테이션으로 악명이 높은 프레젠터 ○○○ 입니다.
- "반갑습니다. 여러분의 시선을 먹고 사는 프레젠터 ○○○ 입니다."
- "○○○의 '프레젠테이션 쇼'에 오신 여러분을 환영합니다. 사회를 맡은 ○○○ 입니다."
- "아름다운 밤입니다! 여러분의 밤을 더욱 달콤하게 수놓을 프레젠터 ○○○ 입니다."

지은이 소개 윌리엄 장

이론과 실전을 겸비한 커뮤니케이션 전문가인 저자는 서강대학교 경제대학원과 미국 페어레이 디킨슨 대학교(Fairleigh Dickinson University) 경영대학원(MBA)을 졸업하였다. POSCO(주)를 비롯하여, P&E컨설팅(주), 글로벌리더십센터 등, 다양한 산업 및 경영 현장을 통해 엔지니어, 경영 컨설턴트, 글로벌 비즈니스, 서치&교육 컨설턴트 등으로서 풍부한 현장 경험을 지니고 있다. 이러한 경험을 바탕으로 삼성, 현대, SK, 서울대, KAIST, 국정원 등 1,000여 개 이상의 조직과 개인들을 대상으로 자기계발·인간경영훈련에 대한 교육과 훈련을 진행해온 '국내 대표 변화행동 전문가'이자 '커뮤니케이션·프레젠테이션 전문가'이기도 하다. 현재는 체계적인 교육프로그램으로 명성이 높은 자기계발·인간경영훈련 컨설팅기관인 '윌리엄석세스트레이닝(www.william.co.kr)'의 대표 컨설턴트로 활발하게 활동하고 있으며, 커뮤니케이션·프레젠테이션 관련 세미나도 성황리에 진행하고 있다.

《일 잘하는 사람의 커뮤니케이션》은 저자가 오랜 시간 현장에서 교육·훈련을 진행하면서 체득한 이론과 실전 기술을 총망라한 책. 커뮤니케이션 법칙을 숙지하고도 이를 어떻게 실전에 적용할지 몰라 고민하는 사람들을 위해, 비즈니스의 상황과 목적에 맞는 기술을 체계적으로 분류, 상세하게 정리했다. 그 외 저서로는 《자신을 리모델링 하라!》, 《프리젠테이션 모든 것》, 《100일만에 프레젠테이션 전문가 되기》, 《3% 안에 들기》, 《착한 사람이 부자로 사는 법》 등 다수가 있다.

- yjchang777@hanmail.net

팔지 마라, 사게 하라
장문정 지음 | 18,000원

바보는 고객을 유혹하려 하지만, 선수는 고객이 스스로 선택하게 만든다! 끊임없이 고객의 마음을 읽고 반응해야 하는 설득의 최전선, 치열한 마케팅 전쟁터에서 살아남기 위해 반드시 습득해야 할 '장문정식' 영업전술 교본. 공격적이고 군더더기 없는 설명으로 마케팅과 세일즈의 핵심을 통쾌하게 파헤친다.

돈보다 운을 벌어라 : 주역의 원리로 운을 경영하는 법
김승호 지음 | 14,000원

인생은 우연과 필연의 조합이고, 그 '우연'을 다루는 기술이 바로 운 경영이다. 대기업 총수나 정치인, 유명 연예인 등 소위 1%의 사람들은 일찌감치 운 경영의 중요성을 알고 암암리에 실천해왔다. 타고난 팔자를 뛰어넘는 운 경영의 기술! 이 책은 주역이 알려주는 조직론, 인간관계, 삶의 지혜를 실용적인 사례와 함께 자세히 담았다.

답을 내는 조직
김성호 지음 | 15,000원

《일본전산 이야기》의 저자가 4년 만에 내놓은 후속작. 지금 우리에게 필요한 것은 돈도, 기술도, 자원도 아닌, 기필코 답을 찾겠다는 구성원들의 살아 있는 정신이다. 이 책은 어떻게 하면 답을 찾는 인재가 될 수 있는지 크고 작은 기업들의 사례를 통해 속 시원히 밝힌다. 잠들었던 의식을 일깨우고 치열함을 되살리고 싶은 모든 이들을 위한 책.

장사의 신
우노 다카시 지음 | 김문정 옮김 | 14,000원

장사에도 왕도가 있다! 일본에서 요식업계의 전설이자 '장사의 신'으로 불리는 우노 다카시. 커피숍의 매니저로 시작해, 200명이 넘는 자신의 직원들을 성공한 이자카야의 사장으로 만든 주인공인 저자가 어떤 장사에도 통하는 성공비법을 공개한다. 입지 선정부터 메뉴 개발, 접객 비법까지 1:1로 코칭하듯 안내한다.

대도
차산훙, 이옌민 지음 | 하진이 옮김 | 16,000원

사람의 본질은 무엇인가? 또한 어떻게 사람의 마음을 사로잡는가? 노자의 무위자연無爲自然 사상을 인생과 경영, 리더십의 근간으로 설파한 최초의 전략서. 나아갈 때와 물러설 때, 멈춰 설 때를 알고, 사람의 마음을 얻어, 더 큰 판에서 성취를 얻을 수 있는 경영과 인생의 궁극의 계책을 제시한다.

함께 보면 좋은 책들

근성 : 같은 운명, 다른 태도
조서환 지음 | 15,000원

일과 인생, 운명의 주인으로 살게 하는 단 하나의 키워드, 근성! 아무리 완벽한 아이디어와 계획도 근성 없이는 실행될 수 없다. 긴장감을 잃고 늘어진 마인드로는 원하는 삶을 살 수 없다. 성공은 운명이 아니라 태도가 만든다. 지금 위기라 느끼는 이들, 새로운 동기부여가 필요한 이들에게 주는 '마케팅의 살아 있는 전설' 조서환의 메시지!

인생에 변명하지 마라
이영석 지음 | 14,000원

쥐뿔도 없이 시작해 절박함 하나로 대한민국 야채가게를 제패한 '총각네 야채가게' 이영석 대표. '가난하게 태어난 건 죄가 아니지만 가난하게 사는 건 죄다, 똥개로 태어나도 진돗개처럼 살아라, 성공하고 싶다면 먼저 대가를 치러라…' 비록 맨주먹이지만 빌빌대며 살지 않겠다고 다짐한 이들에게 바치는 성공 마인드!

당신의 노후는 당신의 부모와 다르다
강창희 지음 | 15,000원

준비 없이 오래 사는 것은 재앙이다! 정년 후 80,000시간, 인생설계서를 다시 써라! 대한민국 최고의 노후설계 전문가인 저자가 건강, 일, 자녀 등 100세 시대 리스크를 토대로 풍요롭고 가치 있는 후반 인생을 위한 해법을 제시한다. 경제적 조언뿐 아니라 노후에 대한 안내자 역할을 충실히 수행하는 책.

모든 비즈니스는 브랜딩이다
홍성태 지음 | 18,000원

브랜딩은 더 이상 마케팅의 전유물이 아니다! 이 책은 살아남은 브랜드와 잊혀져가는 브랜드의 사례를 토대로, 브랜드 컨셉을 어떻게 기업의 문화로, 가치로 녹여낼 수 있는지를 쉽고 친근하게 설명한다. 브랜딩이 단순한 마케팅 기법이 아니라 경영의 핵심임을 일깨워주는 책. 마케팅 담당자뿐 아니라 모든 부서의 직원들을 위한 필독서.

일을 했으면 성과를 내라
류랑도 지음 | 14,000원

성과의 핵심은 오로지 자신의 역량뿐! 이 책은 누구도 세세히 일러주지 않은 일의 전략과 방법론을 알려줌으로써, 어디서든 '일 잘하는 사람, 성과를 기대해도 좋은 사람'이란 평가를 받게끔 이끌어준다. 일에 익숙하지 않은 사회초년생과 그들을 코칭하는 리더, 그리고 현재의 역량을 배가하고자 하는 모든 직장인들을 위한 책.